LA
CAMPAGNE DE STYRIE

EN 1809

PAR

le Lieutenant L. LOŸ
DU 72ᵉ RÉGIMENT D'INFANTERIE.

PARIS

LIBRAIRIE MILITAIRE R. CHAPELOT ET Cⁱᵉ

IMPRIMEURS-ÉDITEURS

30, Rue et Passage Dauphine, 30

1908

LA

CAMPAGNE DE STYRIE

EN 1809

PARIS. — IMPRIMERIE R. CHAPELOT ET Cᵉ, 2, RUE CHRISTINE.

LA
CAMPAGNE DE STYRIE

EN 1809

PAR

le Lieutenant L. LOŸ

DU 72ᵉ RÉGIMENT D'INFANTERIE.

PARIS

LIBRAIRIE MILITAIRE R. CHAPELOT ET Cⁱᵉ

IMPRIMEURS-ÉDITEURS

30, Rue et Passage Dauphine, 30

—

1908

AVANT-PROPOS

La campagne de Styrie, en mai et juin 1809, n'a pas été jusqu'ici, croyons-nous, l'objet d'une étude spéciale. Faite en dehors et comme en marge de la Grande Armée, sur un théâtre tout à fait distinct, par une portion détachée de l'armée d'Italie, elle ne fut, à la vérité, marquée par aucune opération de grande guerre. Comme beaucoup d'autres, elle est demeurée un peu dans l'ombre, éclipsée qu'elle est par celle où l'Empereur commandait en personne.

Les opérations en Styrie, bien que n'ayant avec celles qui se déroulaient alors sur les rives du Danube qu'un lieu stratégique apparent, n'en eurent pas moins une réelle importance. Malgré les fautes qui furent commises et l'insuccès du siège du château de Gratz, elles assurèrent la tranquillité des derrières de la Grande Armée et facilitèrent l'entrée en ligne des troupes de l'armée de Dalmatie. Même, s'il est vrai, comme l'a dit Berthier dans une lettre à Marmont [1], « que le destin des armées et celui des plus grands événements dépend d'une heure », le succès de nos armes, à la suite du combat livré sous les murs de Gratz les 25 et 26 juin, a peut-être eu une influence capitale sur l'issue de la campagne de 1809; ce succès, en

____

[1] Schœnbrünn, 29 juin 1809.

effet, ainsi que nous le verrons au cours de cette étude, permit au corps du duc de Raguse et à la division Broussier de ne plus retarder leur marche vers le Danube et d'arriver assez à temps pour donner le coup de collier décisif qui mit, à Wagram, la victoire entre les mains de Napoléon.

Nous nous proposons d'étudier ces opérations de 1809 en Styrie, auxquelles Macdonald, Marmont et surtout le général Broussier ont attaché leur nom. Nous ferons également, à l'aide de documents peu connus ou inédits, le récit circonstancié du combat de Saint-Léonhard-sous-Gratz, dont Marmont a pu dire que « jamais fait d'armes comparable n'a brillé de pareil éclat[1] ».

La campagne, pour l'armée d'Italie, avait commencé dès le 10 avril. Chassé de la ligne du Tagliamento par l'archiduc Jean, le prince vice-roi d'Italie avait rétrogradé derrière la Livenza. Vaincu le 16 à Sacile, il avait repassé la Piave et prolongé sa retraite jusque sous Vérone.

La situation de l'armée d'Italie était donc assez critique quand, tout à coup, le 30 avril, l'archiduc Jean battit en retraite sans motif apparent. Cette retraite, comme on le sut bientôt, était provoquée par les succès de la Grande Armée en Bavière et par la nécessité où se trouvait le général ennemi de se porter au secours de son frère l'archiduc Charles.

Sur les conseils du général Macdonald, récemment arrivé au quartier général, le Vice-Roi se lança sans tarder à la poursuite des Autrichiens : il retraversa la Brenta et la Piave ; le 8 mai il livra, sur les rives de cette dernière rivière, une sanglante bataille à l'Archiduc. Le 11, il atteignit le Tagliamento.

A partir de ce moment, l'armée d'Italie se scinda en

---

[1] *Mémoires*, t. III, p. 223.

deux tronçons. Le gros, sous les ordres du Vice-Roi, devait continuer de poursuivre les Autrichiens par San-Daniel, la vallée de la Fella, le col de Tarvis et Klagenfurt.

Le 1er corps d'autre part (divisions Broussier et Lamarque), sous les ordres du général Macdonald, recevait l'ordre[1] de se porter sur la droite de l'armée par Goritz et Laibach : « Je fus chargé, dit le maréchal Macdonald[2], de bloquer Palmanova, de passer l'Isonzo, de prendre Goritz et Trieste, de tâcher de faciliter le passage du général Marmont, duc de Raguse, qui avait l'ordre d'évacuer la Dalmatie pour nous joindre, de me diriger sur Laibach, de passer la Save, la Drave, la Mühr, de m'emparer de Gratz et, enfin, d'opérer notre jonction avec le gros de l'armée d'Italie et tous ensemble avec la Grande Armée sur le Sömmering. Cette opération était étendue et présentait d'immenses difficultés ; mais je ne jugeai pas impossible de les surmonter ; j'avais d'ailleurs carte blanche. »

Le 20 mai, la division Broussier s'emparait des forts de Préwald ; le 23, la division Lamarque, appuyée par la division Broussier, faisait capituler Laibach.

Le général Macdonald cependant, malgré tous ses efforts, n'avait pu se lier avec l'armée de Dalmatie. Conformément aux instructions du Vice-Roi, il dut se diriger sur la Styrie par la route de Gratz ; le 24, il quitta Laibach.

Alors commence vraiment la campagne de Styrie.

---

[1] Lettres du chef d'état-major de l'armée d'Italie à Macdonald. — Udine, 8 mai 1809.

[2] *Souvenirs*, p. 142.

I

Opérations des différents corps de l'armée d'Italie en Styrie à la fin de mai 1809.

Aperçu géographique sur le théâtre d'opérations. — La Styrie, à l'extrémité orientale des grandes Alpes, est nettement caractérisée par le bassin de la Mur dans les parties supérieure et médiane du cours de cet important affluent de la Drave. Il en résulte que cette province de l'empire austro-hongrois se compose de deux régions bien distinctes qui correspondent, l'une à la partie ouest-est de la vallée de la Mur, l'autre à la partie nord-sud.

La première, enserrée entre les hautes cimes des Kleine Tauern et du Hochswab au Nord et les sommets plus modestes mais importants encore des Alpes de Carinthie et de Styrie au Sud, rappelle les vallées tyroliennes; les débouchés cependant, vers l'Enns d'une part et la Drave de l'autre, sont nombreux et assez commodes.

Cette partie du cours de la Mur, entre Unsmarkt et Brück, est longée par la route qui, venant du Tarvis par Klagenfurt et le col de Neumarkt, se prolonge en droite ligne, au delà de Brück, par la vallée de la Murz vers le col du Sémering; c'est la voie la plus directe de la Vénétie à Vienne; c'est le chemin que devait prendre le prince Eugène, de Tarvis au Sémering pour, de là, gagner la Hongrie.

La deuxième région nous intéresse plus directement, c'est sur son sol, en effet, que se déroulèrent les principaux événements de la campagne de 1809 en Styrie.

Un peu après avoir quitté Brück, où elle s'infléchit

brusquement à angle droit vers le Sud, la Mur entre dans une plaine riche et fertile, assez étroite jusqu'à hauteur de Gratz, mais qui s'élargit de plus en plus à mesure qu'on approche des collines qui la séparent de la Drave. A l'ouest de cette plaine, les Alpes styriennes dressent leurs cimes aplaties d'où rayonnent de nombreuses vallées fertiles et peuplées ; à l'Est, les grandes Alpes se prolongent par le massif du Wechsel.

Politiquement parlant, la Styrie s'étend encore au sud de la Drave jusqu'à la Save à travers une région faiblement mouvementée par les Warasdiner-Gebirge.

L'importance de la partie méridionale de la Styrie réside dans ce fait qu'elle est traversée par la route la plus directe de l'Adriatique à Vienne. Cette route, après avoir franchi la Save au nord de Laibach, entre en Styrie, coupe la Drave à Marburg, remonte la Mur jusqu'à Brück et se dirige ensuite sur Vienne par le Sémering.

Gratz, la capitale de la Styrie, a une situation « nettement indiquée par la nature » ; elle s'est édifiée sur la Mur « en dehors des grands massifs, dans une des régions les plus favorisées par l'étendue et la fertilité des plaines, et sur l'une des routes maîtresses qui font communiquer la capitale de l'empire avec la mer [1] ». A Gratz viennent converger plusieurs routes importantes ; ce sont d'abord au Nord, celle de Vienne par Brück et le Sémering ; au Sud, celle de Laibach par Marburg ; vers le Nord-Ouest, un chemin réunit, de Gratz à Judenburg, à travers les Alpes de Styrie, les deux tronçons de la Mur ; du côté du Sud-Ouest, un autre chemin, passant par Voistberg, joint la Mur à la Lavant, affluent de la Drave [2] ; vers l'Est,

---

[1] E. Reclus. *Géographie universelle*, t. III, p. 184.

[2] Le chemin de la haute Mur et celui de la Lavant se réunissent à Voistberg avant d'atteindre Gratz.

divergent trois routes : celle qui mène directement à
Vienne par Friedberg et Neustadt, à travers le Wechsel ;
celle qui conduit en Hongrie par Fürstenfeld et la vallée de
la Raab [1] ; la dernière enfin qui se dirige sur la Croatie par
Gnas et Rackersburg. C'est surtout dans la plaine autour
de Gratz, sur les rives marécageuses de la Mur que
devaient se dérouler les principales péripéties de la campagne de Styrie.

Campagne de l'armée d'Italie, sous les ordres du Vice-
Roi, dans la vallée de la haute Mur et dans celle de la
Murz. — Combat de Saint-Michel contre Jellachich
(25 mai). — Le 20 mai, l'armée d'Italie, sous les ordres
du prince Eugène, se trouvait entre Villach et Klagenfurt, son avant-garde à quelques kilomètres seulement
de cette place.

Le même jour, le Vice-Roi forma un corps spécial sous
les ordres du général Grouchy et chargea ce dernier de
descendre la Drave jusqu'à Marburg afin de tendre la
main au général Macdonald, alors sur le point d'attaquer
Laibach avec le 1er corps.

La division Pacthod et la division de cavalerie Sahuc
furent placées sous les ordres de Grouchy [2] ; nous reviendrons par la suite sur les opérations de ce dernier. Le
Vice-Roi laissa en outre au Tarvis la division Rusca avec
mission d'observer le général Chasteler qui opérait encore
dans le Tyrol.

L'armée d'Italie [3] se mit en marche vers la haute Mur

---

[1] Les routes de Vienne par Friedberg et de Hongrie par Fürstenfeld
ne divergent qu'à partir de Gleisdorf.

[2] *Division Pacthod :* 1 bataillon de chacun des 56e, 16e, 93e de ligne,
3 bataillons du 112e ; *division Sahuc :* 4 escadrons de chacun des 6e, 8e
et 25e chasseurs.

[3] Le gros de l'armée d'Italie sous les ordres du Vice-Roi comprenait à
ce moment : 1° corps du général Grenier (divisions Séras et Durutte) ;

par Klagenfurt et le col de Neumarkt. Le corps du général Grenier marchait en tête; celui du général Baraguey d'Hilliers suivait à une journée de marche environ en arrière. Le 23, la division Séras entra en Styrie et atteignit la Mur à Unsmarkt.

Il n'y avait en ce moment dans la vallée de la Mur que trois bataillons du régiment de Lusignan avec six canons, plus un certain nombre de montagnards insurgés. Ce parti repoussa assez vivement une de nos reconnaissances envoyée vers Judenburg.

Le Vice-Roi eut connaissance que le général Jellachich qui se trouvait alors sur l'Enns avec 8,000 hommes appartenant aux divers corps autrichiens, cherchait à gagner la Mur par Rottenmann, Mautern et la petite vallée tributaire de la Sing. Le général ennemi opérait ainsi de façon à se rapprocher de Gratz où l'archiduc Jean espérait rallier les corps épars de l'armée autrichienne d'Italie. D'autre part, le Vice-Roi eut un moment la crainte de voir le général Chasteler déboucher du Tyrol et chercher à joindre Jellachich par la haute vallée de la Mur.

Afin d'obvier à tous ces dangers et d'entraver la marche de ces corps ennemis, le prince Eugène prit les mesures suivantes. La division italienne Severoli, du corps Baraguey d'Hilliers, prit poste à Scheifling, entre Murau et Unsmarkt, face à la direction présumée par où devait survenir Chasteler. Le corps du général Grenier, de son côté, dut se porter en toute hâte sur Judenburg et Saint-Michel, afin d'occuper ce dernier point au débouché de la Sing, et de s'opposer ainsi à la marche de Jellachich. La rencontre des troupes du général Grenier et de celles de Jellachich donna lieu, le 25 mai, à Saint-Michel, à

2° corps de Baraguey d'Hilliers [division italienne Severoli, garde italienne (Fontanelli)].

un combat des plus violents qui tourna au plus complet
avantage des Français. En voici la relation d'après le
général Vignolle, chef d'état-major général de l'armée
d'Italie [1] :

« Le général Grenier donna l'ordre au général Séras de
lever son camp de grand matin, le 25, et de se porter sur
Leoben en remontant la Mur ; au général Durutte de
suivre son mouvement avec toute la célérité possible et
de le seconder.

« L'avant-garde du général Séras rencontra à 9 heures
du matin le corps du général Jellachich, au moment où
il débouchait sur le plateau de Saint-Michel. Ce général,
surpris de l'apparition de cette division, se hâta d'y ranger
ses troupes en bataille. Il appuya sa droite à des montagnes très escarpées et boisées sur lesquelles il plaça
cinq batailllons. Il appuya sa gauche à la Mur, jetant
dans le bois qui couvre la rive gauche deux bataillons de
tirailleurs afin d'inquiéter la droite du général Séras et
couvrir son flanc gauche ; le centre de sa ligne occupait
le plateau sur lequel il rangea son infanterie en deux
lignes ; il la fit soutenir par quelques pelotons de cavalerie qui formaient sa réserve ; sept pièces d'artillerie
couvraient son front.

« Le général Séras, après avoir reconnu la position de
l'ennemi et s'être assuré de ses forces, rangea sa division
en bataille en face du plateau. Trop faible pour le forcer
dans cette position, dont l'accès était très difficile partout
ailleurs que par la grande route, il se borna, jusqu'à
11 heures, à échanger quelques coups de canon et à faire
tirailler sans aucun résultat de part et d'autre.

« A 11 heures, Son Altesse Impériale s'étant rendue
dans la plaine de Saint-Michel, ordonna au général Grenier

---

[1] Général VIGNOLLE. — *Historique de la campagne de 1809.*

de faire accélérer la marche de la division Durutte, et lui prescrivit les dispositions suivantes :

« D'établir la première ligne de la division Séras parallèlement à celle de l'ennemi, sa droite appuyée à la Mur et sa gauche aux montagnes; de détacher, avec cinq bataillons, le général de brigade Roussel sur les hauteurs qui couvraient son flanc gauche, à l'effet de contenir la droite de l'ennemi et de l'empêcher de le tourner. Un bataillon du 23e léger, de la division Durutte, qui venait d'arriver, reçut l'ordre de les soutenir; les trois autres bataillons du 23e léger s'établirent, sous les ordres du général de brigade Valentin, sur le versant de la montagne. Ce général reçut pour instruction de se porter sur la droite de l'ennemi et de le déborder pendant que deux bataillons du 62e régiment d'infanterie de ligne passeraient la Mur au pont de San-Stéfan, se jetteraient sur la rive droite pour fouiller le bois, en chasseraient les tirailleurs ennemis et inquièteraient son flanc gauche; de placer la division Durutte en seconde ligne, parallèlement à la division Séras, et le 102e régiment de ligne en réserve, sous les ordres du général de brigade Dessaix. Les 6e et 9e régiments de chasseurs, commandés par les colonels Triaire et Delacroix, aides de camp de Son Altesse Impériale, occupèrent l'intervalle de ces deux divisions de réserve et reçurent l'ordre de pénétrer dans les lignes ennemies aussitôt que l'infanterie les auraient abordées. Toutes ces dispositions étant faites, Son Altesse Impériale donna l'ordre au général Grenier d'attaquer l'ennemi et de le culbuter.

« Pendant que tout s'ébranlait pour mettre cet ordre à exécution, le général Séras marcha droit au plateau et aborda franchement l'ennemi. Il fut bientôt suivi par deux bataillons du 62e (division Durutte), qui l'attaquèrent avec le plus grand courage et succès. Les colonels Triaire et Delacroix enlevèrent en même temps leurs régiments de chasseurs et s'élancèrent sur le plateau. L'ennemi ébranlé par l'impétuosité de cette attaque se disposait à opérer sa retraite en bon ordre, lorsque, se voyant à la fois assailli par l'infanterie et les chasseurs, il n'eut que le temps de faire une seule décharge et prit précipitamment la fuite. Une partie des troupes ennemies se jeta étourdiment pêle-mêle sur la route de Rottenmann pour se soustraire à leur poursuite ; mais déjà elle était occupée par le général de brigade Valentin, et tout ce qui se retira d'ennemis sur ce point fut pris ou tué.

« Le reste de ce corps d'armée se précipita avec la plus grande confusion sur le village de Saint-Michel. Le général Jellachich fit de vains efforts pour rallier ses troupes, afin de gagner la vallée de Léoben ; une terreur panique les avait frappées. Les colonels Triaire et Delacroix ne leur donnèrent pas le temps de se reconnaître et les repoussèrent avec une rapidité telle que plusieurs bataillons entiers mirent bas les armes et se rendirent prisonniers dans le village.

« Son Altesse Impériale prescrivit aussitôt au général Séras de poursuivre avec toute la vivacité possible les débris de cette colonne sur Léoben, afin de l'empêcher de brûler le pont de la Mur et de se rendre maître de la ville.

« Le général Jellachich tenta de nouveau de rappeler ses soldats pour défendre le pont, et fit les plus grands efforts pour arrêter leur fuite, afin de donner le temps à son artillerie et à ses bagages de filer sur Brück. Il ne put empêcher le général Séras de s'emparer de Léoben.

« Ce général y entra à 7 heures du soir. Il fit 600 prisonniers, derniers restes de ce corps d'armée, et se saisit de ses bagages. Le général Jellachich, accompagné de deux généraux, se sauva avec une trentaine de dragons.

« 800 hommes tués sur le champ de bataille, plus de 1,200 blessés, 4,270 prisonniers, dont 70 officiers supérieurs et autres, 2 pièces de canon, plusieurs caissons et un drapeau pris par le 9ᵉ régiment de chasseurs à cheval sont les résultats de cette brillante affaire.

« La perte des divisions Séras et Durutte fut de 24 hommes tués dans l'action. La division Séras en éprouva de plus considérables dans la matinée par le feu de l'artillerie ennemie ; elle s'établit le soir à Léoben. La division Durutte bivouaqua sur le champ de bataille. Son Altesse Impériale établit son quartier général en arrière de Saint-Michel et le transféra le 26 à Léoben. »

Le même jour, la division Severoli se porta à Judenburg. Le lendemain, le corps du général Grenier, dépassant Brück, s'établit : la division Séras, sur la route du Sémering ; la division Durutte, sur celle de Gratz. Le 27, le général Durutte, chargé d'établir, si possible, la liaison avec Grouchy et Macdonald, fit occuper Frohnleiten par un escadron du 6ᵉ chasseurs et une compagnie de voltigeurs. Ces troupes, attaquées par des forces supérieures envoyées de Gratz par l'archiduc Jean, se replièrent sur Brück. Le pont de Frohnleiten fut détruit par l'ennemi. Le 29, des postes de la division Durutte communiquèrent en avant de Brück avec des détachements du général Grouchy, qui, précédant le 1ᵉʳ corps (Macdonald), venait d'arriver devant Gratz. Vers la même date, le 27, la division Severoli avait occupé Léoben [1].

----

[1] « Le général Baraguey d'Hilliers détacha, le 28, l'adjudant-commandant Guillaume avec 30 dragons et une compagnie de voltigeurs, pour recevoir 400 prisonniers qui avaient capitulé à Wald, par suite du combat de Saint-Michel, ainsi que 1,950 landwehrs qui s'étaient rendus à Rottenmann au capitaine Mathieu, adjoint à l'état-major. Cet officier ayant été envoyé en mission par Son Altesse Impériale, rencontra ce corps et, par sa présence d'esprit peu commune, le fit capituler, quoique n'ayant avec lui qu'un dragon pour escorte ; ces troupes avaient avec elles deux pièces d'artillerie. » Général VIGNOLLE, *Historique de la Campagne de* 1809 (*Armée d'Italie*).

Le 31 mai, la division Séras passa le Sémering et occupa
Schottwein. Le 9ᵉ régiment de chasseurs, qui marchait à
l'avant-garde, rencontra les hussards de la brigade Col-
bert. La jonction de l'armée d'Italie avec la Grande
Armée était dès lors assurée. Le surlendemain, le Vice-
Roi réunit à Neustadt les différents corps de son armée
qui, formant l'aile droite de Napoléon, opéra par la suite
en Hongrie contre l'archiduc Jean, qui s'y était porté
de Gratz par Fürstenfeld.

Avant de quitter la vallée de la Mur, le Vice-Roi avait
laissé à Brück, sous les ordres du général Garreau, une
petite garnison composée en majeure partie d'hommes
malades ou éclopés ne pouvant suivre l'armée.

**Opérations du corps sous les ordres du général Grouchy
dans la vallée de la Drave (21-27 mai).** — Le général
Grouchy avait quitté Klagenfurt le 21 mai avec la division de cavalerie Sahuc, la division d'infanterie Pacthod
et quatre pièces d'artillerie légère. Nous avons vu que la
mission de ce corps consistait à assurer la liaison du gros
de l'armée d'Italie avec le 1ᵉʳ corps, aux ordres de Macdonald, et à appuyer le mouvement que devait faire ce
dernier pour se porter de Laibach à Gratz par Marburg.

Le général avait encore reçu l'ordre non moins important d'observer la retraite de l'archiduc Jean qui, fuyant
devant l'armée d'Italie, se retirait « à tire d'ailes[1] » par la
vallée de la Drave sur Gratz, d'où il pensait gagner la
Hongrie par la vallée de la Raab.

Afin de mener à bien l'opération dont il avait été
chargé, Grouchy lança chaque jour trois groupes de
reconnaissances. Le premier au Sud-Est vers la vallée de
la Save afin de recueillir des nouvelles de Macdonald et de
se lier avec ce dernier ; le deuxième devant lui afin d'éclai-

---

[1] Général Vignolle, *op. cit.*

rer sa route le long de la Drave ; le troisième au Nord-Est dans la direction de la moyenne Mur et de Gratz, avec mission de recueillir des renseignements sur les corps ennemis qui se retiraient de ce côté.

21 mai. — Reconnaissance de droite (6e chasseurs, deux bataillons du 60e de ligne [1]) : sur Krainburg. Cette reconnaissance se lie dans cette localité avec un piquet de dragons appartenant à la division Lamarque, du corps de Macdonald.

Reconnaissance du centre (cavalerie légère) : se porte entre Volkermarkt et Lavamünd.

Gros : le gros se porte à Volkermarkt.

22 mai. — Reconnaissance de droite : le détachement envoyé à Krainburg reçoit l'ordre de rétrograder sur Klagenfurt et Neumarkt.

Reconnaissance du centre : se porte sur Lavamünd et trouve le pont sur la Lavant détruit par l'ennemi.

Reconnaissance de gauche : sur Saint-André ; cette dernière rencontre une soixantaine de hussards et un bataillon d'infanterie ennemis qui se retirent à travers les montagnes par Wolfsberg et Pack.

Gros : le gros se porte à Lavamünd et se met en devoir d'en réparer le pont.

23 mai. — Reconnaissance de droite : sur Windischgratz.

Reconnaissance du centre : sur Mahrenberg.

Reconnaissance de gauche : un nouveau détachement est envoyé à Saint-André.

Toutes les reconnaissances se heurtent à des postes ennemis qui se retirent sans combattre.

Gros : le gros se porte sur Hohenmauthen.

---

[1] Ces deux bataillons appartenaient à la division Durutte.

24 mai. — Reconnaissance de droite : le détachement envoyé la veille à Windischgratz se porte à Cilli. Ce parti ne se lie vraisemblablement pas encore avec le 1er corps qui commence ce jour-là à franchir la Save à Tchernütz près de Laibach.

Reconnaissance du centre : se porte au delà de Mahrenberg vers Oswald, sur la route de Marburg.

Reconnaissance de gauche : sur Eibiswald (route de Wildon). Cette reconnaissance apprend que la majeure partie de l'armée autrichienne a quitté la route de Marburg sous les ordres du général Frimont, et qu'elle se dirige sur Gratz par Preding et Wildon. L'archiduc Jean, de son côté, avec une partie de l'armée, s'était porté sur Marburg et, dès le 23, avait quitté cette ville, y laissant seulement un petit corps de 3,000 hommes environ ; il s'était de sa personne transporté à Gratz.

Gros : le gros reste à Hohenmauthen.

25 mai. — Reconnaissance de droite : le poste détaché à Cilli rencontre le 6e hussards qui précède le corps de Macdonald.

Reconnaissance du centre : le petit corps autrichien qui occupait encore Marburg se retire sur Pettau ; la cavalerie légère de Grouchy en profite aussitôt pour occuper la ville.

Reconnaissance de gauche : même direction que la veille.

Gros : le gros se porte à Mahrenberg.

26 mai. — Toute la cavalerie de Grouchy se porte à Marburg et se met en mesure de rétablir le pont sur la Drave détruit par l'ennemi.

Le 6e hussards du corps de Macdonald arrive le même jour devant Marburg. La division Pacthod demeure à Mahrenberg.

27 mai. — Deux régiments de dragons de la division Pully et la division Broussier (1er corps) arrivent en vue de Marburg et font leur jonction avec Grouchy.

Ce dernier, dès lors, va opérer de concert avec Macdonald.

Opérations du corps sous les ordres du général Macdonald entre la Save et la Drave (24-27 mai). — Le 22 mai le général Charpentier, chef d'état-major du Vice-Roi, avait transmis de Klagenfurt au général Macdonald[1], qui n'avait encore pu entrer en relations avec l'armée de Dalmatie, l'ordre ci-dessous de se diriger sur Gratz :

Les dernières nouvelles reçues de Marburg et de la Hongrie changent les dispositions d'hier et d'avant-hier[2]. Son Altesse Impériale marchant à grandes journées sur Brück pour faire sa jonction avec la Grande Armée, il est instant que vous veniez avec vos deux divisions prendre part aux opérations qui vont avoir lieu sur le Danube ; en conséquence, Son Altesse vous ordonne de partir sur-le-champ avec toute votre infanterie et votre cavalerie pour vous rendre à marches forcées à Gratz, par Marburg ; vous ne laisserez à Laibach qu'un officier général qui aura le commandement de toute la Carniole..... Son Altesse sera le 27 à Brück et nos postes seront le surlendemain à Gratz[3]. Son Altesse Impériale pense que vous pouvez aller en huit jours à Gratz et, supposant deux jours de retard par des obstacles que l'ennemi peut faire naître, vous pouvez avoir fait votre jonction avec nous le 1er juin.

---

[1] Corps de Macdonald : 1° division Broussier (3 bataillons des 9e, 84e et 92e de ligne) ; 2° division Lamarque (13e, 29e de ligne, 2 bataillons du 18e léger).

Au 1er corps de l'armée d'Italie avaient été adjoints, dès le 12 mai, la division Pully (23e, 28e et 29e dragons) et le 6e régiment de hussards.

[2] Le 19 mai l'ordre avait été expédié au général Macdonald d'envoyer une de ses divisions et une partie de sa cavalerie à Klagenfurt et de rester de sa personne à Laibach avec l'autre division, afin de couvrir Trieste et de favoriser la jonction de l'armée d'Italie avec l'armée de Dalmatie.

[3] Nous avons vu que la division Durutte envoyée, le 27, à Frohnleiten sur la route de Brück à Gratz, s'était heurtée à des forces supérieures et n'avait pu parvenir jusqu'à Gratz.

D'ailleurs, le général Grouchy sera demain à deux postes de Marburg et il devra servir à établir plus promptement notre jonction.

Vous comprendrez facilement l'importance de réunir promptement l'armée d'Italie aux points qui vous ont été indiqués plus haut, puisqu'il paraît à peu près certain que toutes les forces autrichiennes se concentrent près de Komorn.

Le général Marmont ne s'est mis en mouvement de la Dalmatie que le 13 et, en supposant de sa part grande diligence, il ne pourra avoir rejoint avant le 28 ou le 30 : ce serait donc perdre beaucoup de temps que de l'attendre ; d'ailleurs votre mouvement en avant ne pourra que faciliter le sien en obligeant l'ennemi à se retirer sur Agram. Ne mettez en conséquence aucun retard dans votre opération, et informez Son Altesse Impériale des dispositions que vous avez prises pour remplir ses intentions. On va vous envoyer les 200 dragons qui avaient été détachés de la division Pully.

Cette lettre enjoignait donc à Macdonald, d'une façon ferme, d'avoir à rejoindre au plus vite le gros de l'armée d'Italie. Toutefois il ne lui était pas donné de point de rendez-vous bien net. Il devait d'abord se diriger sur Gratz ; de là, il rallierait le Vice-Roi, soit par Brück, soit par la route de la Hongrie. Il était informé de la présence du corps de Grouchy sur la Drave et du rôle de liaison qui était dévolu à ce dernier. Enfin il était succinctement mis au courant des agissements probables de l'armée de Dalmatie.

Sur ces données, Macdonald se mit en marche. Le 24 mai, la division Broussier, prenant la tête du mouvement, quitta Laibach et se mit en devoir de franchir la Save et de rétablir le pont de Tchernütz détruit par l'ennemi.

« Le 24 mai [1], la division Broussier partit à midi de Laibach pour marcher sur la Styrie par la route de Gratz ; le pont de la Save étant rompu, la division traversa cette rivière dans une barque vis-à-vis de Saint-Jacob ; il ne

---

[1] *Journal des Marches et Opérations de la division Broussier en 1809.*

passait que soixante-douze hommes à la fois. Le 9e régiment seul put arriver sur la rive gauche avant la nuit et prendre position à Tchernütz, avec les hussards et l'artillerie légère qui passèrent à gué ; le quartier général resta dans le village ; le 84e passa pendant la nuit. Le 25, l'artillerie de position et le 92e régiment passèrent le matin sur le pont qui avait été établi pendant la nuit ; la division vint prendre position en avant de Cappelle (?), à cheval sur la grande route, les hussards à Cilli, le 92e à Frantz. »

Le même jour (25), les divisions Pully et Lamarque traversèrent la Save à Tchernütz ; les dragons de Pully prirent position à Frantz ; la division Lamarque plus en arrière, à Saint-Oswald.

Le 6e chasseurs, détaché sur les devants pour éclairer la marche du 1er corps, se porta sur Cilli où il rencontra un détachement du corps du général Grouchy envoyé de Windischgratz.

Le 26, le 6e hussards rallia le corps de Grouchy à Marburg ; la division Broussier occupa Gonobitz ; les dragons de Pully et la division Lamarque prirent les positions occupées la veille par la division Broussier.

Le 27 au soir, le général Broussier s'établit sur la rive droite de la Drave, en face de Marburg et du corps de Grouchy ; deux régiments de dragons de la division Pully arrivèrent également devant Marburg. La division Lamarque se rendit à Gonobitz.

Le 28 au matin, la division Broussier traversa le pont de Marburg, rétabli par les soldats de Grouchy, et se mit en mouvement vers la Mur.

Dans sa marche de la Save à la Drave, et plus particulièrement dans la journée du 27, le 1er corps s'était heurté contre des détachements ennemis qui occupaient les débouchés vers Marburg et Pettau. Ces détachements appartenaient au 9e corps autrichien commandé par le feld-maréchal Giulay ; ce dernier avait battu en retraite de Tarvis sur Pettau, à travers les montagnes de l'entre

Save et. Drave, afin d'éviter à la fois les troupes de Grouchy et celles de Macdonald. Le corps de Giulay, fort de 19,000 à 20,000 hommes, était composé de quelques solides régiments autrichiens[1], d'un grand nombre de bataillons croates et de plusieurs bataillons de landwehr ; ce corps, qui n'avait pour ainsi dire pas d'artillerie, s'était grossi des forces laissées par l'archiduc Jean à Marburg, forces qui s'étaient retirées sur Pettau à l'approche de Grouchy. C'est cette petite armée de Giulay que les Français eurent principalement à combattre en Styrie pendant le mois de juin. De Pettau, elle s'était portée à Rackersburg sur la basse Mur ; ses postes inondaient la plaine et tenaient tous les passages entre Rackersburg et Wildon.

A partir du 28, les corps de Grouchy et de Macdonald opèrent de concert.

Opérations en Styrie des corps sous les ordres des généraux Macdonald et Grouchy (28-31 mai). — Occupation de Gratz (30 mai). — Le général Grouchy ayant mené à bien la mission qui lui avait été confiée, coopéra dès lors au mouvement sur Gratz qu'avait ordre d'exécuter le général Macdonald. Il prit les devants et, dès le 28 au matin, s'achemina sur Gratz avec la division de cavalerie Sahuc et la division Pacthod, rappelée la veille de Mahrenberg ; le parti détaché par Grouchy sur sa gauche, à Eibiswald, reçut l'ordre de se diriger sur Wildon et Gratz à travers les montagnes de Pack.

28 mai. — Le général Grouchy atteignit la Mur à Ehrenhausen dont il trouva le pont coupé. Il laissa sur ce point deux compagnies d'élite chargées de rétablir ce pont et de chasser les postes ennemis qui occupaient la rive gauche. Lui-même continua sa route par la rive

---

[1] En particulier les régiments de Francesco-Carlo, Simbschen et Strassolvo.

droite sur Leibnitz où il campa avec sa cavalerie ; la division Pacthod s'arrêta plus en arrière, à Kleinstetten. Dans la matinée de ce même jour, Macdonald avait franchi la Drave à Marburg avec la division Broussier et s'était rendu à Ehrenhausen à la suite de Grouchy. Le pont sur la Mur n'était pas encore rétabli et l'ennemi occupait toujours la rive gauche [1].

La division Pully s'établit dans Marburg même, afin de protéger en arrière Grouchy et Macdonald au cas où Giulay aurait essayé de prendre l'offensive de ce côté. La division Lamarque traversa la ville et vint camper au dehors, sur la route de Gratz.

29 mai. — Le général Grouchy continue le 29 sa marche sur Gratz avec ses deux divisions. En arrivant sur les bords de la Kainach, petite rivière qui se jette dans la Mur près de Wildon, la rupture par l'ennemi du pont de la route de Graz arrêta la marche des Français; le pont de la Mur à Wildon se trouvait également rompu. Grouchy dut chercher un gué : il en trouva un entre Wildon et Zwaring et le franchit en trompant l'ennemi qui occupait la rive gauche de la Kainach. Un fort détachement autri-

---

[1] D'après le général Vignolle, le pont de la Mur à Ehrenhausen « fut rétabli par les grenadiers du 52e régiment de ligne et les voltigeurs du 8e léger, qui chassèrent l'ennemi avec pertes de la rive opposée. Le général Grouchy le poursuivit sur Leibnitz où il s'établit avec sa cavalerie légère... » Cette assertion semble inexacte ; Leibnitz, en effet, se trouve sur la rive droite de la Mur, sur la route de Gratz; le pont, d'ailleurs, n'était pas encore rétabli à l'arrivée du général Broussier; ce dernier dit en effet dans son journal : « Le 28, elle (la division) partit de Marburg et vint prendre position à Ehrenhausen; le pont était coupé, les hussards ennemis étaient en observation sur la rive gauche de la Muhr. Une compagnie de grenadiers fut établie à la tête du pont et tirailla sans discontinuer sur les patrouilles ennemies. » Le rétablissement du pont ne s'imposait pas d'ailleurs comme une mesure tactique pressante et indispensable.

chien essaya d'arrêter la marche de Grouchy près de Feldkirchen ; il fut repoussé sur les faubourgs de Gratz qui s'étendent sur la rive droite de la Mur, faubourgs qui furent occupés le soir même par la cavalerie légère du général Sahuc. La colonne qui avait été dirigée par Eibiswald déboucha dans la plaine de la Mur près de Wildon en même temps que Grouchy et contribua au succès de la journée. Des postes furent immédiatement envoyés sur la route de Brück ; ils se mirent en relation au delà de Frohnleiten avec des détachements appartenant à la division Durutte, du corps du général Grenier.

Macdonald, comme la veille, avait suivi le mouvement de Grouchy. Sa marche fut inquiétée par quelques détachements ennemis qui occupaient la rive gauche.

« Le 29, la division Broussier [1] partit d'Ehrenhausen pour se porter sur Wildon ; elle suivit la rive droite de la Muhr à travers un bois, par un sentier de traverse ; elle rejoignit ainsi la grande route vis-à-vis du pont de Lundsh (Lehbring ?) qui était rompu. Un bataillon ennemi établi à cet endroit balayait la grande route par son feu. Je fis avancer deux bouches à feu et, après quelques coups de canon, ce bataillon quitta sa position et se sauva dans le plus grand désordre ; la route était libre, nous n'eûmes que deux hommes hors de combat dont un tué. Le pont sur la Kaina était coupé ; il fallut trois heures pour le rétablir. La division prit position en avant de Wildon sur deux lignes, le quartier général à Wildon... »

Les dragons de Pully bivouaquèrent également en avant de Wildon ; la division Lamarque campa près de Lehbring.

Ce même jour 29, l'archiduc Jean, qui avait rallié à Gratz les débris d'une partie de son armée et y avait reçu

---

[1] *Journal des Opérations de la division Broussier en* 1809.

quelques renforts[1], quitta cette ville vers 5 heures du soir à la tête de 20,000 hommes environ. Il y laissait une assez forte garnison, sous la protection du fort du Schlossberg.

30 mai. — Dans la matinée du 30, le général Grouchy prit possession des faubourgs de Gratz sur la rive droite, avec la majeure partie de son corps d'armée ; à 10 heures, il fut rejoint par les dragons de la division Pully qui se formèrent à la droite de la division Pacthod.

« Maître du faubourg[2], le général Grouchy fit sommer à midi la ville et le fort du Schlossberg, qui la commande, de se rendre. Les deux ponts qui conduisent des faubourgs à la ville étaient coupés et l'ennemi fortement retranché sur l'autre rive.

« L'approche des obusiers, les démonstrations d'un passage de vive force et l'apparition des troupes du général Macdonald, qui arriva sur ces entrefaites avec ses deux divisions, déterminèrent le commandant autrichien à entrer en négociations.

« Il fut convenu que les troupes autrichiennes se retireraient dans le château et que les troupes françaises occuperaient immédiatement la ville, s'engageant à ne point tirer sur les forts et que, de leur côté, les troupes autrichiennes ne commettraient aucune hostilité envers les troupes françaises.

« Dès que les articles de cette convention furent signés, on s'occupa de la reconstitution des ponts qui, des faubourgs, communiquaient à la ville... »

L'un des deux ponts fut rétabli presque aussitôt. Le général Macdonald, qui arriva vers 2 heures, fit son entrée

---

[1] Lettre du Vice-Roi à l'Empereur, Brück, 26 mai.
[2] Général VIGNOLLE, *op. cit.*

dans Gratz à la tête du 6e régiment de hussards, des 84e et 92e régiments suivis de l'artillerie légère.

« Les 84e et 92e entrèrent dans la ville avec l'artillerie légère et les hussards [1]. Le 84e fut chargé du blocus du fort, le 92e prit position sur les promenades publiques et sur la place Jacomini avec l'artillerie légère ; deux bouches à feu et un bataillon du 84e sur la place de la Municipalité... »

Le 9e de ligne, avec l'artillerie de position, resta sur la rive droite, dans les faubourgs de Marburg. Les hussards furent envoyés en observation au delà des faubourgs qui s'étendent sur la route de Hongrie.

Les dragons de Pully furent détachés sur la rive gauche sur la route de Peggau. La division Lamarque bivouaqua sur la rive droite, sa gauche appuyée au 9e régiment et sa droite à la division Pacthod [2].

D'immenses magasins et des ressources de toutes sortes avaient été rassemblés dans la capitale de la Styrie. La prise de Gratz les fit tomber aux mains des Français « et frappa de consternation toutes les provinces environnantes [3] ».

31 mai. — Le 31, les troupes du 1er corps (Macdonald) gardèrent sensiblement les mêmes positions que la veille. Quant à celles du général Grouchy, elles avaient reçu l'ordre de se porter sur Brück afin de rallier le gros de

---

[1] *Journal de la division Broussier.*

[2] Macdonald dans ses *Souvenirs* (page 144) écrit ce qui suit : « Ayant fait rétablir le pont de Tchernütz, je pris ma route directe par Marburg sur Gratz, où je fis ma jonction avec le Vice-Roi qui m'y avait devancé. » Cette assertion constitue une erreur qui ne peut s'expliquer que par le long intervalle qui sépare la prise de Gratz de l'époque où Macdonald écrivit ses Souvenirs. Le 30 mai, le Vice-Roi se trouvait à Brück et non à Gratz.

[3] Général VIGNOLLE, *op. cit.*

l'armée d'Italie. Le 31 au soir, Grouchy campait à Feistritz; le 1er juin, il atteignait Brück et faisait sa jonction. Il devait dès lors combattre en Hongrie avec le prince Eugène.

Le général Macdonald restait donc seul en Styrie avec le 1er corps. Des ordres, qu'il avait reçus la veille du Vice-Roi, lui enjoignaient de s'emparer du château du Schlossberg où s'était enfermée la garnison de Gratz et d'attendre sur ses positions que l'armée de Dalmatie, qui devait être rendue le 5 juin à Laibach, eût fait sa jonction avec lui.

II

Siège de la citadelle de Gratz (1er-21 juin).

Description de Gratz. — La ville de Gratz, la plus
importante de la Styrie et de toutes les Alpes autrichiennes, s'élève sur la rive gauche de la Mur, à l'endroit
où la rivière, sortant des gorges de Brück, pénètre dans
la large et fertile plaine de Lehbring.

En 1809, elle était entourée par un excellent rempart
bastionné, au delà duquel s'étendaient sur les deux rives
de longs et populeux faubourgs : sur la rive droite, c'était
celui de Marburg ; sur la rive gauche, celui de Seysdorf
sur la route de Weiz et ceux de Münchgraben et de Saint-
Léonhard sur celle de Fürstenfeld et de la Hongrie.
Deux ponts, qui avaient été rompus, — et dont un seul
avait pu être rétabli par Grouchy, — réunissaient la ville
au faubourg de Marburg [1].

---

[1] Gratz, — dont l'orthographe allemande est Graz, et qu'on trouve
parfois écrit Grœtz dans certaines relations françaises, — est encore
aujourd'hui la ville la plus importante des Alpes autrichiennes ; elle
compte plus de 130,000 habitants. Elle a d'ailleurs subi depuis 1809 de
nombreuses transformations : les remparts ont été rasés et remplacés
par de belles promenades ; la citadelle elle-même a perdu son rôle guer-
rier. Quatre ponts réunissent la ville aux populeux faubourgs de la rive
droite. La position de Gratz, à la bifurcation des voies ferrées d'Autriche
et de Hongrie à l'Adriatique, à mi-chemin entre Vienne et Trieste, la
fertilité des plaines environnantes et la proximité des régions minières
en ont fait une des villes les plus industrielles et les plus peuplées de
l'Autriche-Hongrie. — Cf. *Carte de Gratz* dressée en 1809 par les ingé-
nieurs-géographes (Dépôt de la guerre).

Sur la rive gauche, dominant la ville, les remparts, les faubourgs et la plaine environnante, s'élevait sur un mamelon abrupt et rocheux, la vieille citadelle du Schlossberg. Cette dernière, que Marmont avait restaurée et remise en état de défense en 1805, était imprenable pour une troupe non pourvue d'artillerie de siège. L'occupation du Schlossberg par une garnison déterminée pouvait rendre intenable la ville et ses abords.

Première partie (31 mai-8 juin). — **Blocus du château par tout le 1ᵉʳ corps de l'armée d'Italie. — Occupation de la ville.** — Le général Macdonald, resté seul à Gratz le 31 mai, avec les divisions Broussier, Lamarque et Pully et le 6ᵉ régiment de hussards, prit aussitôt les mesures que comportaient sa situation et la nécessité où il se trouvait d'assurer le blocus du château. Comme nous l'avons dit précédemment, il ne modifia pas sensiblement les positions que ses troupes avaient occupées dès leur arrivée ; il se borna à faire remplacer les postes fournis auparavant par le corps de Grouchy.

En résumé, le 31 mai au soir, la situation était la suivante : la division Broussier, plus spécialement chargée du blocus, avait le 84ᵉ régiment formant cordon à la base du fort, avec un bataillon et l'artillerie légère sur la place de la Municipalité ; le 92ᵉ campait sur les promenades publiques et la place Jacomini ; le 9ᵉ régiment était resté sur la rive droite dans le faubourg de Marburg. La division Lamarque se tenait également dans ce dernier faubourg ; quatre compagnies de voltigeurs appartenant à cette division surveillaient la route de Brück vers Gösting. La division Pully observait la route de Peggau sur la rive gauche ; enfin, le 6ᵉ hussards était établi dans le faubourg de Saint-Léonhard.

Détachements et reconnaissances envoyés à longue portée. — Le 1ᵉʳ juin, Macdonald avait envoyé un détachement mixte au delà de Gleisdorf, sur la route d'Ilz, afin d'observer les mouvements de l'armée autrichienne retirée derrière la Raab et dont l'avant-garde tenait Saint-Gotthard à 60 kilomètres de Gleisdorf. Ce détachement fut composé d'un bataillon du 92e, d'un escadron du 6e hussards et de deux pièces d'artillerie, le tout placé sous les ordres du chef de bataillon Gougeon, du 92e. Ces troupes rencontrèrent près d'Ilz des postes de cavalerie ennemie, les mirent en fuite et firent quelques prisonniers.

Sur ces entrefaites (le 2), Macdonald reçut du vice-roi l'ordre : 1° de détacher à Gleisdorf un corps de 3,000 hommes chargé de pousser des patrouilles jusqu'à Fürstenfeld et d'observer le cours de la Raab ; 2° d'éclairer par des postes de cavalerie la route de Marburg et de Laibach par où devait arriver l'armée de Dalmatie, afin de faciliter sa jonction avec cette dernière.

En exécution de ces ordres, Macdonald forma, sous le commandement du général de brigade Poinsot, une colonne forte de cinq bataillons, six escadrons de dragons (de la division Pully) et de deux pièces de 3. Le 4, ces troupes quittèrent Gratz et se portèrent en avant de Gleisdorf, sur les emplacements auparavant occupés par le détachement Gougeon dont les éléments d'ailleurs (sauf les hussards) entrèrent dans la composition de la colonne Poinsot.

Le 6, le général Macdonald reçut l'ordre de porter ce détachement à 4,000 hommes ; ainsi renforcé, le général Poinsot dut s'avancer avec précaution sur la Raab, afin de s'attacher aux pas de l'armée de l'archiduc Jean et de communiquer par sa gauche avec la cavalerie légère de l'armée d'Italie.

Le 7, le général Poinsot poussa des reconnaissances sur Ruprecht, Weiz, Pichelsdorf, Hartberg, Feldbach et Riegersburg ; ces reconnaissances ramenèrent quelques prisonniers.

Le 8, un bataillon et un escadron occupèrent Fürsten-feld. Le même jour, le général Poinsot entra en communication avec la cavalerie légère du général Grouchy. Ce dernier, chargé encore une fois de lier le 1ᵉʳ corps au gros de l'armée, s'était avancé par Œdenburg, Güns et Körmend. Dès lors, les troupes chargées du blocus de Gratz eurent deux lignes de communication : l'une par Brück avec Vienne et le grand quartier général, l'autre par Gleisdorf avec le vice-roi ; cette dernière, ainsi que nous le verrons plus loin, devait être interceptée par l'ennemi à partir du 19.

Le 6ᵉ régiment de hussards, d'autre part, fut désigné pour éclairer la route de Marburg et de Laibach et aller recueillir des nouvelles au sujet de l'armée de Dalmatie. Il partit également le 4 ; après avoir dépassé la Drave, il rencontra, vers Windisch-Feistritz, l'ennemi en forces si considérables qu'il fut obligé de rétrograder sur Marburg et Ehrenhausen ; le 6, il fut repoussé sur Wildon et, le 8, dans l'impossibilité de remplir sa mission, il rallia Gratz. Telles furent les mesures de sûreté et de liaison prises par Macdonald, soit sur son initiative, soit d'après les instructions du vice-roi.

Préparatifs de siège. — Le 1ᵉʳ juin, le général Macdonald fit sommer le gouverneur de rendre la citadelle : il n'obtint qu'un refus. En conséquence, le général français fit immédiatement ses préparatifs de siège.

Il disposait en fait d'artillerie de :

1 compagnie d'artillerie à cheval.) Division
1 compagnie d'artillerie à pied.) Broussier.
1 compagnie d'artillerie à cheval.) Division
1 compagnie d'artillerie à pied.) Lamarque.

Chacune de ses divisions avait en outre une compagnie de sapeurs.

Il fit construire des affûts de siège pour les obusiers de campagne, ainsi que des échelles en vue d'un assaut. Le colonel d'artillerie Soirac fut chargé de diriger tous ces travaux.

De son côté, le commandant du fort, le major Hacker, du corps du génie, homme énergique et résolu, ne demeurait pas non plus inactif [1]. Il faisait travailler à la fortification déjà mise en état respectable par Marmont, en 1805 ; il faisait réparer les épaulements et en construisait de nouveaux ; il garnissait les parapets de rampes portant des baïonnettes et y faisait empiler des pierres : la garnison du fort avait un effectif d'environ 950 hommes ; elle disposait de 20 bouches à feu dont plusieurs obusiers et plusieurs pièces de 12.

Jusqu'au 8 juin, le 1er corps fut tout entier à ses préparatifs et ses éléments, sauf les reconnaissances dont nous avons parlé plus haut, demeurèrent sur leurs positions.

Départ du général Macdonald avec les divisions Lamarque et Pully (9 juin). — Le 9 juin au matin, le général Macdonald reçut du vice-roi la lettre suivante datée d'Œdenburg, le 6. Cette dernière modifiait du tout au tout les instructions qu'il avait précédemment reçues et changeait sa destination.

Je m'empresse de vous prévenir, Monsieur le général Macdonald, que, d'après les ordres de Sa Majesté, je marche avec l'armée d'Italie sur le prince Jean, qui paraît réorganiser son armée derrière la Raab, où il espère

---

[1] Le major Hacker, par sa conduite courageuse et son attitude digne et chevaleresque, s'était acquis les sympathies de ses adversaires. Des relations courtoises s'établirent entre Broussier et lui ; c'est ainsi que le premier, vers la fin du blocus, envoya au second quelques bouteilles de vin ainsi que du café et du sucre, en témoignage de son estime et qu'il lui écrivit par deux fois pour le remercier d'avoir traité avec toutes sortes d'égards les officiers et les soldats laissés dans les hôpitaux lors de son départ de Gratz. — Franz MAYER, *Steiermark im Franzosenzeitalter,* page 242. (D'après le journal du major Hacker.)

pouvoir rallier tous les corps de Giulay, de Zach, et ceux battus par l'armée de Dalmatie. Mon intention est que vous coopériez à cette opération avec le plus de forces possibles : ainsi, si le fort de Gratz est pris, vous n'y laisserez qu'un ou deux bataillons avec quelques piquets de cavalerie pour maintenir l'ordre dans la ville et les environs et vous marcherez avec le reste. Dans le cas où le fort ne se serait pas encore rendu, vous laisseriez pour l'investir et tenir en respect la ville, le nombre d'hommes et de chevaux que vous jugerez convenable ; enfin, dans tous les cas vous devez vous porter rapidement sur Fürstenfeld et de là sur Körmend à moins que le corps qui vous sera opposé ne prenne une autre direction. Envoyez promptement des postes sur votre gauche pour vous lier avec ma droite ; j'avais déjà moi-même, ce matin, un poste de 50 chevaux à Burgau. Mes troupes seront sûrement après-demain à Güns, demain, 8, en avant de Stein-am-Anger, et le 9, sur la Raab, au point où nous pourrons espérer y trouver l'ennemi. L'essentiel est qu'il y ait de l'ensemble dans nos mouvements et pour cela il faut se communiquer le plus promptement possible.

Le jour même de la réception de ces ordres, Macdonald se mit en route et, le soir, il bivouaquait près d'Ilz.

Il emmenait avec lui la division Lamarque moins deux obusiers, la division Pully moins le 23e régiment de dragons et la moitié du parc d'artillerie du corps d'armée. Le détachement du général Poinsot, qui s'était porté à Körmend, formait en quelque sorte son avant-garde : 2 bataillons et 2 bouches à feu de la division Broussier qui faisaient partie de la colonne Poinsot, continuèrent à marcher avec ce dernier.

Le général Broussier restait donc seul chargé de garder Gratz et de s'emparer du Schlossberg. La division réduite à 8 bataillons (3 du 9e, 3 du 84e, 2 du 92e)[1] et à 12 bouches à feu, ne dépassait pas 4,000 hommes. Le

---

[1] Tous ces régiments étaient entrés en campagne au mois d'avril avec leurs quatre bataillons de guerre ; mais un bataillon de chacun d'eux était demeuré sur les derrières, soit pour tenir garnison dans les places conquises, soit pour d'autres services, comme la conduite des prisonniers.

23e dragons et le 6e hussards lui étaient adjoints pour
son service de sûreté. La moitié du parc d'artillerie du
corps d'armée lui était également laissé.

Deuxième partie (9-21 juin). — **Siège du château par la
division Broussier.** — **Position des troupes et mesures de
sûreté.** — Le général Broussier, livré à ses seules ressources, dut, dès le 10, modifier quelque peu l'emplace-
ment primitif de ses troupes.

Pour le 84e et le 92e, les modifications furent d'ordre
secondaire ; mais le 9e régiment qui, jusque-là, était
demeuré en entier sur la rive droite, dut passer sur la
rive gauche en ne laissant dans le faubourg de Marburg
qu'un bataillon et une compagnie sous les ordres du
colonel Gallet. Ce régiment fut mis en réserve dans les
jardins qui s'étendaient à l'intérieur des remparts près
de la porte de la Mur ; l'artillerie à pied, qui avait également traversé la rivière, fut placée avec le demi-parc
dans les fossés des remparts.

Deux compagnies d'infanterie, appuyées par une pièce
de canon, furent établies à chaque porte ; les sapeurs du 9e
étaient prêts à couper les ponts au cas où cette mesure
se serait imposée.

Une compagnie de voltigeurs et un piquet de dragons
furent détachés au pont de Weinzodl, le premier que l'on
rencontre au nord de la ville.

Des reconnaissances furent envoyées au delà de Voitsberg sur la route de Wolfsberg et de la Lavant, et vers
Wildon sur celle de Marburg. Elles rentrèrent le surlendemain sans rapporter de nouvelles de l'armée de Dalmatie ni de celle de Giulay. Le général Broussier cependant affirme dans son *Journal* que, dès le 11, il avait
appris que la route de Marburg était interceptée par l'ennemi. Il devait d'ailleurs, le 14, diriger sur cette route
tout le 6e hussards pour se lier avec le général Marmont ;
nous verrons par la suite que cette reconnaissance ne put

remplir son but, arrêtée qu'elle fut par les forces supérieures de l'ennemi, avant d'avoir atteint Marburg.

Le 16, le général Broussier compléta l'ensemble des mesures qu'il avait prises pour garder les routes convergeant vers Gratz. Il fit garder les ponts de Wildon et de Kalsdorf par le 6e hussards ; il envoya un piquet de dragons à Haupmanstatten sur la route de Croatie, un autre à Gleisdorf sur celle de Hongrie ; il posta un détachement de 200 hommes sous les ordres du major Chevallier sur la route de Peggau (rive gauche), et un autre de la même force sous les ordres du major Reynaud à Frohnleiten, sur la route de Brück (rive droite). Ces deux dernières troupes étaient composées d'hommes isolés, restés en arrière de l'armée.

Continuation des préparatifs de siège. — Le général Macdonald, en quittant Gratz, avait prescrit au général Broussier de pousser les travaux du siège avec la plus grande activité. Dans la nuit du 9 au 10 juin, 400 hommes furent employés à creuser au pied du rocher sur lequel s'élève le fort, un fossé destiné à mettre à couvert les sentinelles et les postes.

Le général Broussier ne disposait, en tant qu'artillerie, que de 10 bouches à feu de campagne et de 4 obusiers [1] : c'était surtout sur ces derniers qu'il comptait pour réduire le château. Il avait, le 9, fait commencer la construction de deux batteries destinées à ces obusiers : l'une fut construite dans les jardins, au sud de la grande rue du faubourg de Münchgraben ; l'autre au nord dans une promenade publique. Le mauvais temps retarda beaucoup le travail d'édification de ces batteries, qui ne furent terminées que dans la journée du 12.

---

[1] Dont deux appartenaient à la division Lamarque.

Les obusiers furent mis en place le 11 dans les batteries, sur les affûts de siège préparés par ordre du général Macdonald. En tant que munitions, on ne pouvait compter que tout au plus sur 1,100 obus ; mais on espérait que le gouverneur se rendrait après quelques heures de bombardement. Sommé le 11, le commandant du fort répondit par un refus formel.

Il semble que le général Broussier ait, à un moment donné, subi la crainte de voir les habitants de Gratz se révolter contre lui. On lit en effet dans son *Journal* : « Le 11, les travaux continuèrent ; les obusiers furent placés dans les batteries. Je fis prévenir le commandant du fort que si la grosse cloche se faisait entendre en dehors des heures habituelles, j'userais de toute la rigueur des lois militaires sur la ville, les habitants et lui. J'avais appris en effet que cette grosse cloche devait sonner le signal d'un soulèvement général contre moi : la grosse cloche ne sonna pas... »

Bombardement du fort (13-20 juin). — Les préparatifs de siège furent achevés le 12. Le lendemain, le général Broussier fit commencer le bombardement du fort. Ce bombardement se prolongea presque sans discontinuer jusqu'au 20 et ne se termina que faute de munitions ; il fut accompagné de quelques fausses attaques.

Voici, d'après le *Journal des Opérations de la division Broussier*, la relation des attaques supportées par le fort de Gratz, du 16 au 20 juin :

« J'écrivis au commandant du fort (le 13) à 11 heures du matin que, sans avoir égard à la convention passée entre lui et le général Grouchy, à laquelle j'étais parfaitement étranger, l'attaque commencerait sur tous les points à midi précis. A l'heure dite, l'attaque commença ; l'ennemi riposta vivement ; le feu des obusiers cessa la nuit. Je fis faire à minuit une fausse attaque sur tous les points pour connaître les moyens de défense de l'ennemi et surtout pour les user. L'ennemi croyant que l'attaque était sérieuse, jeta à la main des boulets, des obus, des grenades, des pierres et des poutres.

« Il fit pendant une heure et demie un feu très nourri de mousqueterie : il y eut deux hommes du 84e blessés et un hussard du 6e tué.

« Le 14 juin, le feu des obusiers recommença avec le jour et finit avec lui. A 1 heure du matin, je fis une fausse attaque .. Ce jour-là, le feu prit deux fois au fort, mais fut aussitôt éteint.

« Le 15, les obusiers tirèrent jusqu'à 10 heures du matin ; le commandant du fort fut sommé pour la troisième fois de se rendre : il demanda à envoyer un officier au prince Jean afin d'avoir de nouvelles instructions ; sa demande fut rejetée. Le feu recommença à 3 heures de l'après-midi ; à 10 heures du soir je fis faire une fausse attaque. L'ennemi, trompé, continua à user ses moyens ; il évacua une partie de ses ouvrages avancés du fort ; il n'avait pas un seul homme, ni le jour ni la nuit, en dehors de l'enceinte du fort.

« Le 16, le feu des obusiers continua ; je fis faire une fausse attaque pendant la nuit et l'on vit l'ennemi faire des signaux auxquels on répondit des montagnes voisines à 10 heures du soir... Je m'assurai, par une nouvelle reconnaissance, que l'assaut du fort avec des échelles était impraticable ; je fis faire une fausse attaque pendant la nuit.

« Le 17, les obus commencèrent à manquer ; le feu contre le fort fut ralenti... Je fis faire une fausse attaque pendant la nuit, après avoir réussi à faire porter pendant le jour des échelles contre les murs de la forteresse ; cette démonstration n'en imposa pas au commandant de la forteresse.

« Le 18, pendant la nuit, même feu et même contre-attaque contre le fort ; à minuit, je voulus faire gravir les

murs du fort vis-à-vis du faubourg de Marburg, point
qui me paraissait le plus favorable à l'escalade, par douze
mineurs. Ces mineurs furent découverts avant d'avoir pu
arriver; l'ennemi leur jeta sur la tête des pierres et des
obus, et ils furent précipités en bas du rocher; l'un d'eux
fut tué, les autres furent blessés...

« Le 19, le feu des obusiers contre le fort fut encore
ralenti; les moyens continuaient à devenir plus rares...

« Le 20, même position; l'ennemi redoubla ses signaux.
Le feu des obusiers cessa faute d'obus : il en avait été tiré
1,060 contre le fort; généralement ils furent bien dirigés,
mais firent peu de mal. Il devenait impossible de prendre
le fort sans grosse artillerie et je n'en avais pas; ce siège
ne m'avait coûté que 4 hommes tués et 12 blessés... »

Le lendemain 21, le général Broussier, qui avait reçu
avis de l'approche de l'armée de Giulay, évacua Gratz
pour se porter sur la rive droite de la Mur, entre Gösting
et les faubourgs. Nous reviendrons plus loin sur cette
évacuation et sur les motifs qui déterminèrent le général
français à l'abandon d'une place aussi importante que
celle de Gratz.

**Le général Broussier tente de se lier avec le général
Marmont. — Petits combats près de Wildon (15-18 juin).
— Mouvements de l'armée austro-croate de Giulay. —**
Une des plus graves préoccupations du général Broussier
fut de se lier avec le général Marmont qui, depuis le
3 juin, se trouvait à Laibach. Dans ce but, le 6ᵉ régiment
de hussards quitta Gratz le 14 au matin et se dirigea sur
Marburg; mais, avant d'avoir atteint la Drave, le régiment se heurta contre des forces supérieures appartenant à l'armée de Giulay et dut, le 16, rétrograder sur
Wildon. Le général Broussier lui enjoignit de prendre
position sur ce point afin d'observer les mouvements de
l'ennemi et de détacher un escadron à Kalsdorf, dont le

pont offrait un passage intermédiaire entre Wildon et Gratz[1].

Cependant Giulay qui, avec le gros de son armée, était jusque-là resté campé aux environs de Rackersburg, se porta entre Marburg et Ehrenhausen, dans le but évident de s'interposer entre Broussier et Marmont, et de barrer à ce dernier le passage de la Drave. De plus, et sans doute afin de donner le change au général Broussier, il détacha vers Gratz, dans la plaine de la Mur, des postes nombreux composés surtout de cavalerie.

C'est contre ces détachements que s'était heurté le 6e hussards : il escarmoucha avec eux pendant toute la journée du 17. Le lendemain, vers 2 heures, ce régiment fut attaqué par des forces supérieures. Le général Broussier lui avait envoyé la veille l'ordre de rétrograder sur Kalsdorf pendant la nuit; mais le porteur de cet ordre avait été arrêté et dépouillé par les paysans. Les hussards français durent se rabattre sur le faubourg de Marburg dont ils gardèrent les issues vers le Sud. Au cours de cette journée, le 6e hussards avait perdu 60 hommes et 40 chevaux. L'ennemi établit ses avant-postes à Feld-kirchen, à 8 kilomètres de Gratz.

D'un autre côté, le piquet de dragons qui occupait Gleisdorf fut refoulé, le 19, par des postes ennemis qui coupèrent la route de Fürstenfeld et de la Hongrie. La route de Brück seule restait donc disponible pour les communications de la division Broussier.

Levée du siège du fort de Gratz (21 juin). — Dans la nuit du 20 au 21, vers 1 heure du matin, la division Broussier, levant le siège de la citadelle de Gratz, repassa sur la rive droite et prit position entre Gösting et les fau-

---

[1] Le pont de Wildon, on s'en souvient, avait été rompu par l'ennemi vers la fin de mai.

bourgs [1]. Ce mouvement, ainsi que ceux qu'il fit au cours des jours suivants, lui ayant été amèrement reproché, en particulier par le major général Berthier, le général Broussier crut devoir en développer longuement les raisons dans son *Journal*. Nous croyons intéressant de les reproduire ici :

« A 1 heure du matin, j'exécutai ce mouvement dans le plus grand silence, après avoir renvoyé mes malades et mes blessés. Je ne pouvais, en effet, sans compromettre les troupes de Sa Majesté, rester à Gratz pour y recevoir le combat : cette ville n'est pas tenable pour celui qui n'est pas maître du fort, bâti sur un rocher très élevé qui domine toute la ville, les montagnes voisines, les deux ponts, les places et les faubourgs. Où établir mon champ de bataille ? Dans cette ville, en fermant les portes ! Mais il fallait monter sur les remparts, et partout ces remparts sont exposés aux feux du fort dont je n'étais pas maître. Les faubourgs et les places sont partout aussi exposés aux feux du fort. En combattant dans cette position, je me serais trouvé entre deux feux, et je n'avais que 3,500 hommes à opposer aux 25,000 de l'ennemi. J'avais en outre à redouter la population du pays qui nous était hostile. La chose la plus pressante était d'éviter d'être cerné dans la ville par des forces supérieures, car il m'eût été très difficile d'en sortir, ne pouvant pas compter sur

---

[1] Les Français, avant de se retirer, voulurent rompre celui des ponts de la Mur qui avait été remis en état ; mais ils en furent empêchés par le feu du Schlossberg. Après leur départ, la garnison du fort descendit en ville, détruisit les divers travaux de siège exécutés par les Français et se réapprovisionna pour un mois. A la nouvelle que Broussier, le 22, traversait la Mur à Wildon, le major Hacker s'empressa de se retirer sur le Schlossberg avec toutes ses forces ; il prescrivit en outre de ne pas continuer les travaux entrepris pour rétablir le vieux pont. — Franz MAYER, *op. cit.* page 210.

le secours du général Marmont dont je n'avais pas de nouvelles.

« L'ennemi occupait toutes les routes, excepté celle de Brück ; le fort avait 900 hommes de garnison, 20 bouches à feu, dont plusieurs obusiers et plusieurs pièces de 12.

« L'existence d'une armée considérable devant moi, la certitude de sa marche en avant, la nécessité de prévenir ses attaques et ses manœuvres pour ne pas être cerné, me décidèrent à tenir campagne, parce que j'étais sûr, avec mes huit bataillons réunis, d'y combattre l'ennemi avantageusement, quelles que fussent ses forces, et qu'il dépendait de moi de donner ou de refuser le combat. J'avais en outre l'ordre de rester en position pour seconder le général Marmont dans sa marche sur Gratz, et je ne pouvais mieux le faire qu'en tenant la campagne... »

III

Opérations de la division Broussier autour
de Gratz (21-25 juin).

La division Broussier prend position à Wildon (21-22 juin). — La division Broussier, sortie de Gratz dans la nuit du 20 au 21, prit d'abord position sur deux lignes entre le faubourg de Marburg et Gösting, la gauche appuyée à la Mur, la droite aux montagnes, couvrant les débouchés des gorges de Brück. Le bataillon du 9ᵉ qui était dans le faubourg, y était demeuré en avant-garde ; la cavalerie surveillait les chemins menant vers Marburg. La division ne resta sur ces positions que quelques heures.

Le général Broussier qui, à tort, considérait l'attaque de Giulay comme imminente, pensait « qu'il était plus avantageux de donner le combat que de le recevoir ». En conséquence, il leva son bivouac dans la matinée et, passant par les chemins à l'ouest du faubourg, se porta sur Wildon. Les postes de cavalerie ennemie qui avaient été établis dans la plaine à hauteur de Feldkirchen furent aisément refoulés ; ces postes, envoyés vers Gratz par Giulay, étaient d'ailleurs trop faibles pour résister sérieusement.

La division Broussier prit donc poste à Wildon et se mit en devoir de rétablir le pont de cette localité. Une petite reconnaissance, composée d'une quinzaine de hussards et d'une vingtaine de voltigeurs, fut envoyée vers Lehbring ; elle eut un engagement assez vif avec un poste de cavalerie ennemie qu'elle réussit à mettre en déroute.

Le 22, la division Broussier demeura en sécurité à

Wildon et ne quitta pas ses emplacements. Giulay, de son
côté, ne chercha pas à l'inquiéter ; le général autrichien
était en effet, à la même date, préoccupé par les tenta-
tives faites par Marmont pour franchir la Drave ; il s'était
borné à envoyer un assez fort détachement à Ehrenhausen sous les ordres du général Spleny ; de sa personne, avec le gros de ses forces, il se trouvait près de
Marburg.

Trompé par cette fausse sécurité, le général Broussier,
croyant sans doute que le général Marmont avait bous-
culé Giulay et qu'il se trouvait dans les environs, fit tirer,
pour l'avertir de sa présence, quelques coups de canon
qui demeurèrent sans réponse. Puis, apparemment tout à
fait rassuré au sujet de l'ennemi, dont il ne voyait plus
dans la plaine que quelques faibles patrouilles de cavalerie, il prit la résolution de reprendre le siège de la citadelle de Gratz.

Reprise du blocus du fort de Gratz (23 juin). — Le
22 juin, à 8 heures du soir, la division Broussier quitta
ses positions de Wildon, passa sur la rive gauche en profitant du pont qu'elle avait rétabli sur ce point et gagna
Gratz où elle arriva vers 3 heures du matin. Les troupes
reprirent sans difficulté, autour du fort et de la ville,
les positions qu'elles avaient quittées deux jours auparavant. D'après les relations autrichiennes, un assaut
— le huitième depuis le début du blocus — aurait été
tenté dans la nuit, sans succès comme les précédents[1].

Cette réoccupation de Gratz devait être de courte
durée. Dans l'après-midi du 23, en effet, le général
Broussier apprit que Giulay paraissait enfin se diriger
sur Gratz avec toute son armée. Fortement inquiet, il fit

---

[1] Franz MAYER, *op. cit.*, page 241.

filer dans la nuit sur Peggau son parc de réserve et les équipages de la division.

La nouvelle qu'avait reçue le général Broussier n'était pas exagérée. Giulay, en effet, trompé par les habiles démonstrations de Marmont devant Marburg, n'avait pas su l'empêcher de franchir la Drave à Völkermarkt. Déçu de ce côté, il s'était aussitôt mis en marche sur Wildon et Gratz par la rive droite de la Mur, afin d'empêcher ou tout au moins de retarder la jonction des généraux Marmont et Broussier. Il avait lancé sur les deux rives une nombreuse cavalerie. Celle-ci se heurta, dès 3 heures du matin, le 24, aux postes de dragons que Broussier avait établis sur la rive droite en avant des faubourgs, et aux postes de hussards placés sur la rive gauche.

Cependant, le général Broussier, craignant de quitter Gratz encore une fois prématurément, demeurait indécis sur la solution à prendre. A 11 heures seulement, il se décida à sortir de la ville.

« Mes avant-postes sur la rive droite de la Muhr, en avant du faubourg de Grœtz, dit le général Broussier dans son *Journal*, furent attaqués à 3 heures du matin par de forts détachements des hussards de Frimont, soutenus par de l'infanterie qui formait l'avant-garde du général Giulay. Je restai jusqu'à 11 heures du matin dans la ville... L'attaque de nos avant-postes sur la rive droite de la Muhr pouvait n'être qu'une démonstration pour masquer un mouvement sur le général Marmont; l'attaque ne pouvait être réelle que lorsqu'elle aurait lieu sur les deux rives de la Muhr. A 10 heures du matin, les hussards furent attaqués sur la rive gauche; l'intention de l'ennemi parut dès lors évidente. Pour éviter d'être cerné à Grœtz, je sortis de cette ville à 11 heures du matin; je passai dans les faubourgs de Saint-Léonhard et de Graben par des chemins que j'avais fait reconnaître à l'avance et qui étaient le moins possible exposés au feu

du fort ; je me portai sur Gœsting, en passant la Muhr à
Wistembach (?)[1]. Le fort, qui aurait pu faire beaucoup
de mal à la division et à l'artillerie, ne tira que sur la
queue de la colonne. »

Combat de Kalsdorf (24 juin). — La division Broussier
vint prendre, au sud de Gösting, à peu près les mêmes
positions que dans la nuit du 20 au 21. Son chef y reçut
enfin un courrier du général Marmont. Ce dernier s'était
avancé par Volkermarkt et Wolfsberg : il annonçait l'arrivée de ses têtes de colonnes à Voitsberg.

Quant à Giulay, il semblait concentrer ses forces dans
la plaine de la Mur, à hauteur de Wildon. Une reconnaissance d'une soixantaine d'hommes du 23e dragons
attaqua vers midi des postes de cavalerie ennemie à Feldkirchen, les bouscula et traversa le village à leur suite ;
mais à la sortie de ce dernier, elle se heurta contre une
ligne d'infanterie formée en bataille, et dut rétrograder.

Le général Broussier, dans le but de faire une diver-
sion et de permettre au général Marmont de déboucher
sans encombre dans la plaine de la Mur, résolut d'attaquer Giulay. Il quitta ses positions de Gösting vers le
milieu de l'après-midi, et se dirigea sur Wildon en con-
tournant le faubourg de Marburg. Ce mouvement allait
déterminer un assez violent combat au cours duquel le
9e régiment d'infanterie se distingua d'une façon toute
particulière. En voici la relation d'après le *Journal* du
général Broussier :

« Je marchai jusqu'à 4 heures du soir sur deux lignes :
4 bataillons en colonnes par pelotons à distance de

---

[1] C'est Weinzodl qu'il faut lire : la dénomination de Wistembach ne
figure pas sur la carte au 1/75,000e de l'état-major autrichien.

bataillon, précédés de 10 bouches à feu, formaient la première ligne.

« Aux ailes se trouvait la cavalerie : la deuxième ligne était formée de quatre autres bataillons dans le même ordre, à 150 pas de la première ligne. Elle était accompagnée de deux bouches à feu.

« La cavalerie ennemie, qui inondait la plaine, se retirait à mesure que mes colonnes avançaient ; elle exécuta ce mouvement sous les yeux des habitants qui s'étaient réunis au sommet du fort et sur les maisons les plus élevées de la ville pour être témoins de ce spectacle nouveau pour eux.

« Le fort tira sur mes colonnes avec ses pièces de 12 pendant tout le temps qu'elles passèrent ; les boulets arrivaient au milieu des bataillons, mais pas un seul soldat ne fut touché.

« Ayant dépassé le village de Feldkirchen, où l'ennemi avait réuni les plus grandes forces de sa cavalerie, je fis un changement de direction à gauche, afin d'enfermer cette cavalerie dans le village et de la jeter dans la Muhr. Mais elle se retira précipitamment et s'échappa sur Caldorf (Kalsdorf) par la rive droite de la rivière, sans accepter le combat ; là elle trouva l'armée de Giulay qui arrivait seulement, et y prit position.

« La division s'avança sur Caldorf ; un bataillon du 9ᵉ, qui était à la tête de la colonne, fut chargé, à 9 heures du soir, à 2 milles de Caldorf, par un gros de cavalerie qu'il repoussa. Je prescrivis alors à ce régiment d'attaquer Caldorf ; il était soutenu par le 84ᵉ ; le 92ᵉ était en réserve. Le 9ᵉ s'avança renversant tout sur son passage, s'empara de Caldorf, traversa le village, enfonça la première ligne ennemie qui se débanda et se retira précipitamment entraînant avec elle la deuxième, puis la troisième ligne.

« L'armée de Giulay, qui avait 25,000 hommes et 30 bouches à feu, huit généraux et 2,000 chevaux, fut

misc en déroute en moins d'une demi-heure par un seul
régiment. Généraux, infanterie, artillerie, bagages, tout
se sauva pêle-mêle sans s'arrêter jusqu'à Wildon.

« Un régiment de cavalerie ennemi s'étant rallié, tenta,
pour couvrir la retraite, une charge sur le 9e qui l'at-
tendit bravement, tira à bout portant et lui fit subir des
pertes considérables. Cette cavalerie fut mise en déroute,
et le combat cessa à 10 heures du soir.

« Le 9e poursuivit l'ennemi jusqu'à 2 milles de Caldorf,
où il s'arrêta. Il fit peu de prisonniers, mais il tua à la
baïonnette tout ce qu'il trouva sur son passage. L'armée
de Giulay était anéantie : 8 bataillons avaient mis en fuite
27 bataillons ennemis. Nous n'avions que 6 hommes du 9e
et un canonnier morts et 15 blessés...

« Le 9e régiment se fit le plus grand honneur par son
intrépidité, son silence et son sang-froid dans cette
attaque. La division bivouaqua à Feldkirchen... »

Le général Broussier a donné, dans son *Journal*, au
combat de Kalsdorf, une importance plus grande qu'il ne
convenait en réalité. Sous l'enflure du récit, on sent que
l'affaire de Kalsdorf fut, somme toute, un brillant engagement de nuit contre une fraction avancée de l'armée de
Giulay, — en l'espèce la division Spleny, — et rien de
plus[1].

---

[1] « Ayant été témoin et acteur dans cette affaire, j'ai toujours pensé
que ce récit avait été un peu enflé ; on doit le considérer plutôt comme
le fruit d'une imagination exaltée que comme le détail d'une exacte
vérité ; non que pourtant on ne doive ajouter foi au contenu de cet historique que je n'ai pas relevé et qui fut écrit à Gratz sous la dictée du
général Broussier dans deux ou trois matinées et seulement dans le très
court espace de temps que le général consacrait à sa toilette ». (Note du
capitaine d'état-major Broussier écrite en marge du récit du combat de
Kalsdorf dans l'exemplaire imprimé du *Journal de la division Broussier*
de la bibliothèque du Dépôt de la Guerre).

La division Broussier reprend poste à Gösting (25 juin).
— Le combat de nuit de Kalsdorf avait néanmoins entravé
la marche sur Gratz de l'armée austro-croate ; mais cette
dernière n'était pas en aussi grand désarroi que le pensait
le général Broussier ; elle se rassemblait au delà de
Wildon et se tenait prête à reprendre son mouvement.
La défaite de l'avant-garde de Giulay aurait dû assurer la
liaison immédiate de la division Broussier et de l'armée
de Dalmatie ; mais il semble que le général Broussier ne
sut pas tirer tout le profit possible de sa victoire, soit
qu'il n'ait eu qu'une idée imparfaite de la situation,
soit qu'il ait cru Giulay hors d'état de nuire avant longtemps.

Deux partis s'offraient naturellement à lui : 1° faire
sa jonction immédiate avec Marmont, dont il n'était séparé
que par quelques kilomètres, et cela en masquant son
mouvement ; 2° rester en position à Kalsdorf pour couvrir
Gratz, le pont de cette localité lui permettant de se porter
rapidement sur la rive gauche au cas où Giulay aurait
fait son mouvement par cette rive ; le général Marmont
aurait alors pu, en toute sécurité, descendre dans la
plaine pour se joindre à lui et réoccuper Gratz. Dans l'un
et l'autre cas, il importait au plus haut degré que le
général Broussier fît activement surveiller les mouvements de l'ennemi et circuler des patrouilles sur la rive
gauche. Le général n'adopta ni l'une ni l'autre des deux
solutions. Sous prétexte « d'attendre des nouvelles du
général Marmont, de couvrir les débouchés de Brück et
de pouvoir, le cas échéant, rentrer dans Gratz », il se
résolut à reprendre ses anciennes positions de Gösting.

Lorsque le jour parut, il se mit en marche ; à 7 heures,
il était sur ses emplacements. Une partie de la cavalerie
restait dans la plaine à hauteur de Feldkirchen ; elle se
trouvait donc trop loin de l'ennemi pour pouvoir le surveiller efficacement : cette faute devait avoir les plus
graves conséquences ; peu s'en fallût en effet, comme

nous le verrons plus tard, que Gratz ne tombât aux mains
de Giulay.

A 3 heures de l'après-midi, le général Broussier reçut
de Marmont, qui se trouvait alors à Lieboch avec la division Clausel, l'ordre de se porter à hauteur de ce point,
afin d'être à même d'appuyer le mouvement de l'armée
de Dalmatie ; il devait en outre jeter dans Gratz un détachement qui réoccuperait provisoirement la ville [1]. Le
général Broussier décida de porter sa division à Kalsdorf
qui se trouve à 10 ou 12 kilomètres à l'est de Lieboch,
mouvement qu'il se fût évité s'il n'avait si inconsidéré-
ment abandonné ses positions du matin.

Il partit de Gösting à 8 heures du soir, emmenant avec
lui « 6 bataillons, 10 bouches à feu et sa cavalerie [2] ».
Afin de réoccuper Gratz, d'en garder les portes et de surveiller la citadelle, il donna l'ordre au colonel Gambin,
du 84e, de se diriger sur cette ville avec les deux premiers
bataillons de son régiment et deux pièces de 3 qu'il plaça

---

[1] *Journal des Opérations de la division Broussier.* — Marmont n'est
pas d'accord sur ce point avec Broussier : d'après lui, l'ordre qu'il avait
envoyé, enjoignait à Broussier de réoccuper Gratz. « Aussitôt que j'ai su
que le général Broussier s'était retiré de Gratz, je lui ai écrit pour l'engager à y rentrer, à y laisser les troupes qui étaient nécessaires pour
bloquer la citadelle et à s'approcher de l'ennemi. » (Lettre à Berthier,
27 juin). Bien que la différence entre les deux ordres ne soit pas sen-
sible au premier abord, elle est cependant importante; car si toute la
division s'était portée sur Gratz avant de repasser sur la rive droite,
Giulay n'eût pu pénétrer dans la ville, comme il le fit dans la nuit du 25
au 26. Il est juste, cependant, d'apporter en faveur de la thèse du général Broussier cet argument que, dans ses *Mémoires*, Marmont a écrit
que, le 24, il l'engagea « à mettre sa division en mouvement par la *rive
droite* de la Muhr, afin de se réunir à lui pour aller combattre l'ennemi
qui se rassemblait à Wildon ».

[2] *Journal des Opérations de la division Broussier.* — Cette phrase
laisse croire que le général Broussier n'avait dans la plaine de Feldkirchen qu'une faible partie de sa cavalerie.

sous ses ordres [1]. Ce détachement se mit en marche également vers 8 heures ; son itinéraire était par Gösting, le pont de Weinzodl, Saint-Gotthard, Seysdorf et les faubourgs de Saint-Léonhard et de Münzgraben.

L'exécution de ce mouvement allait donner lieu au célèbre combat de Saint-Léonhard-sous-Gratz, auquel nous consacrerons un chapitre spécial.

Le général Broussier laissait en outre trois compagnies du 9e régiment avec mission de garder le pont de Weinzodl, sage précaution dont il eut à se louer par la suite. Nous reviendrons plus loin sur les mouvements de la division pendant la nuit du 25 et la matinée du 26, mouvements qui précédèrent sa jonction avec l'armée de Dalmatie.

Ajoutons enfin que les opérations plutôt décousues du général Broussier, du 21 au 25 juin, furent sévèrement jugées par l'Empereur [2] et par Berthier [3]. « Le général Broussier m'a fait toutes les folies imaginables, écrivit Napoléon au Vice-Roi le 25 juin, mais enfin il n'est arrivé aucun mal. »

---

[1] Il y a lieu de remarquer que ces pièces ne faisaient pas partie de l'artillerie régimentaire, dont le 84e ne fut doté qu'après la campagne, en août ou septembre, alors qu'il était au camp de Gratz.

[2] Lettres de l'Empereur au Vice-Roi (Schœnbrunn, 25 et 28 juin).

[3] Lettre du major général au général Broussier (Schœnbrunn, 28 juin).

IV

*Opérations de l'armée de Dalmatie en Styrie
du 19 au 26 juin. — Jonction de l'armée de
Dalmatie avec la division Broussier (26 juin).*

**Résumé des opérations de l'armée de Dalmatie avant
son entrée en Styrie.** — Le corps d'armée de Dalmatie
commandé par le général Marmont ne comprenait que
les deux divisions Montrichard et Clausel[1], en tout
10,000 hommes environ. Il s'était rassemblé autour de
Zara au mois de mars et n'était entré en campagne que
dans les derniers jours d'avril.

Le général Marmont avait ordre de combiner ses mouvements avec ceux de l'armée d'Italie, de façon à coopé-
rer aux opérations de celle-ci et à se joindre à elle le cas
échéant. Afin de s'opposer à la marche de l'armée de
Dalmatie, l'archiduc Jean avait placé en face d'elle un
corps supérieur en nombre, sous les ordres du général
Stoïsewitch.

Le 1er mai, Marmont avait culbuté les Autrichiens au
Mont-Kitta; mais la défaite de Sacile et la retraite de l'armée d'Italie arrêtèrent ses mouvements qui ne purent être
repris que le 11. Le général Stoïsewitch fut successivement vaincu au Mont-Kitta (13 mai), à Gradschatz (17 mai)
et à Gospich (21 mai). La route de l'Istrie étant libre,
Marmont vint occuper Fiume le 28 ; de là, il se dirigea
sur Laibach où il arriva le 3 juin. Il entra immédiatement

---

[1] 8e et 18e légers, 5e, 11e, 23e, 79e et 81e de ligne ; 400 chevaux,
12 pièces de canon.

en relations avec le général Rusca qui, l'on s'en souvient,
avait été laissé sur la Drave par le Vice-Roi, afin d'observer les mouvements du corps autrichien de Chasteler,
séparé de l'Archiduc et confiné dans le Tyrol. L'armée de
de Dalmatie se porta sur Krainburg afin d'appuyer le
général Rusca ; mais ce dernier se laissa surprendre dans
Klagenfurt et ne sut pas empêcher Chasteler de s'échapper par le col de Neumarkt et la haute vallée de la Mur.
Marmont revint à Laibach : c'est là qu'il devait recevoir
l'ordre de se porter sur Gratz.

**Marche de l'armée de Dalmatie, de Laibach à Voitsberg
(17-25 juin). — Passage de la Drave à Volkermarkt. —**
Le général Marmont, peu après son retour de Krainburg à Laibach, reçut du Vice-Roi des instructions, assez
vagues d'ailleurs, sur la conduite qu'il aurait à tenir en
raison des mouvements des corps de Chasteler[1] et de
Giulay. Cette lettre est datée d'Oldenburg, le 6 juin 1809 :

J'ai reçu, Monsieur le général Marmont, les différentes lettres que m'a
apportées votre aide de camp ; il m'a appris qu'à son passage à Klagenfurth, il avait rencontré le corps du général Rusca qui se repliait de
Villach sur cette ville, forcé par le général Chasteler qui était débouché
du Tyrol avec environ 6,000 hommes, et qui cherchait à se rallier au
prince Jean...

Dans tous les cas, je marche sur le prince Jean qui cherche à rallier
ses corps épars sur la Raab, Sa Majesté m'ordonnant cette opération.
Je désire que vous y coopériez ; ainsi, si le général Chasteler est par-
venu à passer, il faut que vous le suiviez et faire en sorte de le joindre,
s'il est possible ; vous pouvez prendre avec vous le général Rusca, car
je pense que les derrières de l'armée sont libres, du moment où le
général Chasteler a passé ; vous laisserez quelques troupes dans le fort
de Laybach, avec ordre au commandant de tenir le plus possible, et vous
approvisionnerez ce fort pour quelques jours. Dans le cas où le général

---

[1] Le général Rusca avait été bloqué le 5 dans Klagenfurt par Chasteler. Le Vice-Roi ignorait cet événement au moment où il écrivit sa
lettre.

Giulay chercherait à faire un mouvement sur votre droite pour se jeter
sur Laybach, vous vous y reporteriez vous-même et vous pourriez l'attaquer avec avantage. Enfin, si tous les corps autrichiens opèrent leur
jonction avec le prince Jean, vous manœuvrerez toujours pour tenir en
échec le plus de forces possible. Ce que vous ferez alors avec d'autant
plus de facilité que, me portant moi-même sur l'armée autrichienne
avec des forces importantes, je l'oblige à me faire face, et vous vous
trouvez naturellement placé sur mon flanc.

Je serai le 9 sur la Raab, et, si l'ennemi manœuvre, je suivrai ses
mouvements : agissez donc vous-même d'après cela. Ainsi votre premier
mouvement doit être de vous porter sur-le-champ à Marbourg, où le
général Chasteler se sera naturellement dirigé. Vous pourrez communiquer par votre gauche avec Macdonald qui doit s'avancer jusqu'à Fürstenfeld, mais qui laisse un petit corps d'observation à Gratz [1]. Je com-
munique moi-même avec lui, et j'aurai de cette manière promptement
de vos nouvelles.

Cette lettre, somme toute, ne donnait aucun ordre
ferme. Il y était bien dit que l'armée de Dalmatie devait
se diriger sur-le-champ vers Marburg; mais Marmont
n'avait aucune indication précise sur la direction de
retraite suivie par Chasteler, sauf peut-être sur ce point
que ce dernier n'avait pas descendu la Drave; quant à
Giulay, il était peu au fait de ses agissements. Dans ces
conditions, il demeura encore une quinzaine de jours à
Laibach, afin « de recevoir une partie de ce qui lui man-
quait [2] ». Ses attelages furent recomplétés et son artillerie
portée à 24 bouches à feu.

Le 17 juin, à 3 heures du matin, il quitta enfin Laibach
se dirigeant sur Cilli et Marburg. Il venait vraisemblablement de se mettre en marche, quand il reçut du major
général les instructions suivantes, datées de Schœnbrunn,
le 13 juin, à 10 heures du soir, instructions un peu plus
précises que celles reçues précédemment, mais lui laissant néanmoins encore une grande liberté d'action.

---

[1] La division Broussier.
[2] MARMONT, *Mémoires*, tome IV, page 218.

L'Empereur, Monsieur le général Marmont, reçoit la lettre que vous avez écrite au Vice-Roi en date du 1ᵉʳ juin, ce qui est vraisemblablement une erreur ; car elle devrait être du 11. Les dates sont de la dernière importance. Sa Majesté espère que vous vous serez mis aux trousses du général Chasteler, si vous avez pu le couper, et que vous l'aurez suivi pour l'empêcher de se porter sur Gratz. Le Vice-Roi vous a écrit pour que vous mainteniez la communication sur cette ville et que vous vous portiez sur Marbourg et Pétau, et partout où serait l'ennemi ; vous pourrez même, général, marcher sur Gratz. Cependant, éloignés comme nous le sommes, ceci est plutôt une direction générale qu'un ordre positif, et les circonstances doivent décider vos mouvements.

Le Vice-Roi, avec la plus grande partie de son armée, est au milieu de la Hongrie, où partout il a forcé l'ennemi à la retraite.

Le 14, Berthier adressa à Marmont de nouvelles instructions qui précisaient les différents points de sa lettre du 13 ; ces instructions furent reçues le 18 par le destinataire [1].

Vers la fin du séjour de l'armée de Dalmatie à Laibach, le corps austro-croate du général Giulay, qui s'était tenu jusque-là autour de Rackersburg sur la Basse-Mur, s'était porté entre ce dernier cours d'eau et la Drave. A l'annonce de la marche de Marmont, Giulay se porta sur Marburg et s'apprêta à défendre le passage de la Drave ; dès le 18, les communications de Marmont avec la division Broussier étaient interceptées.

Le 19, l'armée de Dalmatie occupa Cilli ; le lendemain elle se porta sur Windisch-Feistritz où elle se trouva en présence des troupes de Giulay qui avaient traversé la Drave à Marburg afin de défendre en avant le pont de cette ville. Marmont, qui connaissait à fond cette région pour l'avoir parcouruc en tous sens quatre ans auparavant, jugea que, dans ces conditions, le passage de vive force de cette rivière large et rapide était impraticable ; il estimait d'ailleurs à 35,000 hommes l'effectif de l'en-

---

[1] Marmont répondit à cette lettre, le 19, de Cilli.

nemi, chiffre supérieur de 12,000 au moins à sa force réelle. « Livrer bataille dans cette position, dit Marmont dans ses *Mémoires*[1], n'entrait pas dans mes projets. Si je le battais (l'ennemi), je ne pouvais le poursuivre, la rivière et la ville étant là pour le protéger ; et, puisque j'avais à faire ma jonction avec une division de l'armée d'Italie, il était sage d'attendre qu'elle fût opérée pour le combattre. Je manœuvrai donc devant l'ennemi qui, de son côté, montrait de la prudence et même de la timidité. »

Décidé à ne pas combattre, le général Marmont exécuta une manœuvre hardie, la plus brillante peut-être de cette campagne, manœuvre qui lui permit de franchir la Drave et de gagner les abords de Gratz sans avoir à en découdre avec l'ennemi. Il donna des ordres pour que son avant-garde tînt les Autrichiens en haleine entre Windisch-Feistritz et Marburg afin, de masquer le mouvement qu'il avait l'intention d'opérer pour traverser le fleuve beaucoup plus à l'Ouest.

Le point de passage choisi par lui était le pont de Volkermarkt, à 80 kilomètres en amont de celui de Marburg ; ce pont était en partie brûlé, mais il était facile de le rétablir. Dans ce but, trois compagnies de voltigeurs, cent ouvriers charpentiers pris dans les divers régiments et une compagnie de sapeurs furent dirigés à marches forcées sur Volkermarkt par Gonobitz, Windischgratz et Bleiburg ; des voitures réquisitionnées furent mises à la disposition de ce détachement. Les bagages de l'armée suivirent. Puis, lorsque ces divers éléments eurent suffisamment gagné de l'avant, et tandis que Giulay escarmouchait avec l'avant-garde, le gros de l'armée de Dalmatie fit tout à coup demi-tour et, marchant la gauche en tête, disparut hors de portée de l'ennemi.

Marmont réunit toutes ses forces à Volkermarkt ; le 22,

---

[1] MARMONT, *Mémoires*, tome IV, page 220.

le pont ayant été rapidement rétabli, il passa sur la rive gauche et se dirigea sur Lavamünd. Giulay, de son côté, n'avait pas cherché à suivre l'armée de Dalmatie; il avait retraversé le pont de Marburg et avait remonté la rive gauche dans l'espoir d'entraver la marche des Français; mais ses mouvements avaient été si lents que, bien qu'il tînt la corde de l'arc qu'avait à suivre Marmont, l'avant-garde de ce dernier occupait déjà Lavamünd au moment où les éclaireurs autrichiens y parurent.

Marmont, alors, renouvela la manœuvre qui lui avait si bien réussi à Windisch-Feistritz. Il fit courir le bruit de sa marche vers Marburg, fit préparer des vivres dans cette direction, puis, tout à coup, renversant ses colonnes, il remonta la vallée de la Lavant et, traversant les montagnes de Pack, se dirigea par Wolfsberg sur Voitsberg. Le 24, il atteignait cette localité avec la division Clausel; la division Montrichard suivait à une demi-journée de marche en arrière environ. Le lendemain, l'armée de Dalmatie était en mesure de déboucher dans la plaine de la Mur.

Il semble qu'on se soit fait au grand quartier général de singulières illusions sur les conditions dans lesquelles devait se faire la marche de l'armée de Dalmatie, pour se porter de Laibach vers Gratz. On espérait en effet qu'elle arriverait à destination le 19, sinon le 20.

Deux lettres du major général, toutes deux datées du 19, sont caractéristiques à cet égard. La première, écrite à 3 heures de l'après-midi, disait :

J'ai mis sous les yeux de l'Empereur, Monsieur le Duc, votre lettre de Laybach du 16, par laquelle vous annoncez que le 17 à 3 heures du matin, vous vous mettez en marche pour Gratz ; Sa Majesté espère que vous serez arrivé le 19 ou le 20. Vous êtes autorisé à garder le général Broussier. L'intention de l'Empereur est que vous marchiez vivement sur Giulay et Chasteler, pour les battre et ensuite faire rendre la citadelle de Gratz.

La seconde :

Je vous ai envoyé plusieurs fois, Monsieur le Duc, l'ordre de marcher sur Gratz, et, à la distance où vous êtes, vous n'avez pas besoin de cet ordre pour agir. L'Empereur trouve que vous avez commis une faute en laissant intercepter la communication avec Gratz, car, le 18, les avant-postes du général Broussier ont été attaqués ; nous ignorons ce qui se sera passé. Toutefois, général, l'intention de l'Empereur est que vous marchiez sans délai sur Gratz et que vous culbutiez les corps de Giulay et Chasteler[1] qui y sont. Si le général Broussier est obligé d'évacuer Gratz, son instruction lui prescrit de se retirer sur Brück. Sa Majesté est étonnée que vous restiez tranquille et que vous n'envoyiez pas chaque jour un officier de votre armée avec des nouvelles, quand les plus grandes choses vont se décider et que vous avez sous vos ordres le meilleur corps d'armée. Vous sentez, général, qu'à la distance où vous êtes et avec votre grade, ce n'est point un ordre littéral qui doit vous faire mouvoir, mais la masse des événements.

La distance de Laibach à Gratz est environ de 190 kilomètres ; il semble donc, que même en doublant les étapes, il était impossible à Marmont d'être le 20 à Gratz[2]. Il n'était pas tenu compte d'ailleurs des difficultés qu'il devait fatalement rencontrer sur sa route. On ne pouvait d'autre part lui reprocher la lenteur de sa marche : de Laibach à Windisch-Feistritz, il y a 105 kilomètres ; de Windisch à Volkermarkt, 90 ; de Volkermarkt à Voitsberg par Lavamünd, 95 ; soit au total 290 kilomètres, ce qui faisait, en sept étapes, une moyenne respectable de 41 kilomètres par jour.

Le premier soin de Marmont en arrivant à Voitsberg, avait été de communiquer avec le général Broussier,

---

[1] Dans cette lettre comme dans la précédente, le major général semble persuadé de la retraite de Chasteler sur Marburg et Gratz. Nous avons dit plus haut que telle n'avait pas été la direction de marche du général autrichien.

[2] Nous avons vu que, dans sa lettre écrite le 22 mai au général Macdonald, le général Charpentier, chef d'état-major de l'armée d'Italie, avait estimé à huit jours le temps nécessaire pour se porter directement de Laibach à Gratz « à marches forcées ». C'était, semble-t-il, tomber dans l'excès opposé.

alors sorti de Gratz et en position à Gösting. Nous avons vu d'autre part, dans le chapitre précédent, que le chef de l'armée de Dalmatie avait envoyé, le 25, à la division Broussier, l'ordre de se porter vers Kalsdorf, afin de hâter sa jonction; lui-même devait se porter ce jour-là sur Lieboch avec la division Clausel.

Marmont espérait déboucher dans la plaine de la Mur et, concurremment avec le général Broussier, attaquer le lendemain Giulay qui, vaincu à Kalsdorf, rassemblait ses troupes autour de Wildon; mais le général Montrichard resté en arrière, ayant, « sans motif et sans prétexte, trouvé convenable de ne ne pas marcher[1] », Marmont n'osa pas prononcer son mouvement avec la seule division Clausel et demeura le 25 à Lieboch.

Jonction de l'armée de Dalmatie avec la division Broussier à Lieboch (26 juin). — Le général Broussier, conformément aux ordres de Marmont, avait quitté Gösting le 25 à 8 heures du soir, emmenant avec lui sa cavalerie, 6 bataillons et 10 bouches à feu. Nous avons vu qu'il avait d'autre part envoyé à la même heure deux bataillons du 84e régiment avec mission de réoccuper Grâtz. La distance de Gösting à Kalsdorf est d'environ 25 kilomètres : le général Broussier, estimant à six heures le temps nécessaire pour s'y porter, avait fait prévenir qu'il comptait être pour 2 heures du matin à hauteur de Lieboch.

La colonne longea vers l'Ouest le faubourg de Marburg; deux compagnies du 9e de ligne, marchant en flanc-garde, traversèrent le faubourg et n'y rencontrèrent aucun ennemi. Au delà de Feldkirchen et à hauteur de Fernitz, le général Broussier aperçut sur la rive gauche de la Mur les feux de nombreux bivouacs; vu le peu de

---

[1] Lettre de Marmont au major général (27 juin).

largeur de la rivière, il put aisément se rendre compte qu'ils étaient occupés par un détachement ennemi d'un effectif important. Il fit braquer ses dix bouches à feu sur ces bivouacs, les mitrailla et les dispersa. L'ennemi disparut dans la nuit; le général Broussier, séparé de lui par la rivière, ne s'en inquiéta pas autrement.

A 1 h. 30 du matin, il se heurta en avant de Kalsdorf à des avant-postes ennemis qu'il refoula aisément. A 2 heures, selon ses prévisions, il était à Kalsdorf et y établissait son bivouac. Pendant cette marche de nuit, le général Broussier avait distinctement perçu le bruit d'une vive fusillade dans la direction de Gratz : il l'expliqua par un engagement des deux bataillons du 84e avec les défenseurs de la citadelle.

A 5 heures du matin, ne recevant aucune nouvelle du général Marmont, et craignant que l'ennemi ne se glissât entre ce dernier et lui, il prit la résolution de porter sa division à Lieboch et de faire immédiatement sa jonction. A 8 heures, la division Broussier paraissait devant Lieboch. Le général Marmont n'avait toujours avec lui que la division Clausel ; il attendait encore la division Montrichard dont il ignorait même l'heure probable d'arrivée. Dans ces conditions, il n'avait pas cru devoir prendre l'offensive contre Giulay, dont il croyait l'armée rassemblée dans la plaine de Wildon.

Le général Broussier, précédant sa division, s'était de de sa personne porté à Lieboch. Il avait rendu compte, « sans en expliquer la cause [1] », de la fusillade qu'il avait entendue vers Gratz et des feux de bivouacs aperçus par lui sur la rive gauche de la Mur. Le général Marmont, — à ce qu'il affirme dans ses *Mémoires* — aurait eu alors la sensation très nette de ce qui venait de se passer et com-

---

[1] MARMONT, *Mémoires*, tome IV, page 222.

pris que les deux bataillons du 84e étaient aux prises dans Gratz, avec partie ou peut-être même avec toute l'armée de Giulay, passée sur la rive gauche. Il convint avec le général Broussier que ce dernier ferait faire demi-tour à sa colonne et se reporterait en toute hâte sur Gratz, par Gösting et le pont de Weinzödl. Ce mouvement s'exécuta de suite ; nous verrons plus tard quels en furent les résultats.

Quant au général Marmont, il persista dans son intention de ne pas marcher avant d'avoir été rejoint par la division Montrichard. Ce fut là une faute grave : les événements devaient le démontrer.

Mouvements de Giulay le 25 juin. — Giulay, renforcé par la division Zaach, avait bien, comme le pensaient Marmont et Broussier, rassemblé ses forces près de Wildon au cours de la journée du 25. Mais, dans la soirée, profitant du pont de Wildon, que le général Broussier avait négligé de détruire le 22, il porta toutes ses forces sur la rive gauche, laissant seulement quelques postes en rideau vers Kalsdorf. Son avant-garde se mit immédiatement en marche sur Gratz ; à 7 heures du soir, 150 cavaliers occupèrent les faubourgs de Münzgraben et de Saint-Léonhard ; le gros suivit vers la fin de la nuit [1].

---

[1] D'après certaines relations autrichiennes dont Franz Mayer se fait l'écho (*op. cit.* page 216), — relations d'ailleurs en contradiction sur certains points avec le rapport de Giulay — des détachements de Croates et de hussards auraient réoccupé les remparts et les portes de Gratz le 25, dès 3 heures du matin, conjointement avec une partie de la garnison du fort. Giulay, de sa personne, serait arrivé dans la ville à 5 heures du soir avec une partie de ses forces. Quant au gros, survenu dans la nuit, il aurait établi deux camps : l'un à Sanct-Peter, l'autre aux portes mêmes de la ville. Ce seraient donc les feux du premier de ces bivouacs qui auraient été aperçus par Broussier.

Le général Broussier, à aucun moment, ne se rendit compte du mouvement opéré par Giulay; la vue des bivouacs ennemis sur la rive gauche, à hauteur de Fernitz, et le bruit de la fusillade engagée à Gratz, ne lui firent même pas comprendre le danger de la situation. « Il était difficile de concevoir, — écrit-il assez naïvement dans son *Journal* et comme pour s'excuser, — qu'une armée de 25,000 hommes, bien organisée sous tous les rapports, dût faire un semblable détour pour éviter 3,500 hommes qu'elle avait devant elle. »

Le plan de Giulay cependant était bien conçu et fort logique. Il se doutait que le général Broussier, retiré à Gösting et préoccupé par sa jonction avec l'armée de Dalmatie, porterait surtout son attention sur la rive droite; le moment lui avait donc semblé favorable pour passer sur la rive gauche et s'emparer de Gratz. La résistance héroïque du colonel Gambin, avec les deux bataillons du 84e de ligne, l'empêcha de mener à bien jusqu'au bout la réalisation de son plan.

A étudier les choses de près, on constate que les conséquences de la prise de Gratz par Giulay eussent été considérables et non seulement fâcheuses pour les généraux Marmont et Broussier, mais encore qu'elles auraient eu peut-être une répercussion des plus vives sur les opérations de la Grande Armée elle-même. Avec un peu de résolution et d'activité en effet, Giulay eût pu s'emparer du pont de Weinzodl et détruire tous les passages de Wildon à Frohnleitein. Maître alors du cours de la Mur, il aurait placé les généraux français dans une situation assez critique.

Certes, les communications des généraux Marmont et Broussier avec la Grande Armée n'en auraient pas été pour cela vraisemblablement coupées. Ils avaient toujours la ressource de se frayer un chemin vers Brück, par la rive droite; mais ce mouvement, qui laissait sur leur flanc toute l'armée austro-croate maîtresse des ponts de Gratz, était particulièrement périlleux. Il y avait bien encore le chemin de Gratz à Judenburg vers la Haute-Mur, à travers les montagnes, qui leur aurait permis de descendre ensuite sur Brück pour gagner de là le Séme-ring ; mais ils risquaient de tomber sur les troupes de Chasteler, qui cherchait toujours à rejoindre l'Archiduc. D'autre part, rien n'aurait empêché Giulay de se porter alors lui-même sur Brück par le chemin le plus court et d'y barrer la route aux Français. De toutes façons, les deux généraux eussent été obligés de laisser sur leurs derrières, dans une excellente position, les troupes de Giulay que n'auraient certainement pas manqué de rejoindre celles de Chasteler ; cette situation eût constitué un danger permanent pour les communications de la Grande Armée. L'Empereur n'aurait certainement pas pardonné à ses lieutenants d'avoir laissé la capitale de la Styrie et le cours moyen de la Mur au pouvoir des ennemis.

Reprendre Gratz n'eût pas été chose facile ; avec les excellentes troupes dont disposaient Marmont et Brous-sier, il n'est pas douteux qu'ils eussent réussi dans cette opération ; mais ils auraient perdu beaucoup de temps, plusieurs semaines peut-être, et n'eussent pu rallier l'île Lobau assez à temps pour prendre part à la bataille de Wagram. Si l'on se rappelle avec quel acharnement cette dernière fut disputée ; si l'on songe à la part énorme qu'y prirent l'armée de Dalmatie et la division Broussier le 6 juillet, on se demande quel eût été le résultat de ces terribles journées si l'appoint moral autant que matériel apporté par les soldats de Marmont et de Broussier avait fait défaut[1]. Tout le sort de la cam-

---

[1] Napoléon tenait essentiellement à être renforcé par les troupes de Marmont avant d'entamer la lutte décisive avec l'archiduc Charles. « Marmont, lui écrivit-il le 28, vous avez les meilleures troupes de mon

pagne de 1809 a peut-être tenu dans cette affaire de Gratz, si minime en apparence. On comprend dès lors comment l'héroïque défense du 84e dans les faubourgs de Saint-Léonhard-sous-Gratz eut les conséquences les plus heureuses, et l'on s'explique que l'Empereur ait si magnifiquement récompensé ce régiment. Nous étudierons dans le chapitre suivant ce combat de Saint-Léonhard-sous-Gratz, qui fit alors sur toute l'armée une profonde impression.

Grâce à la précaution qu'avait prise le général Broussier de faire occuper le pont de Weinzodl, et surtout grâce à la résistance des deux bataillons du 84e, la situation ne fut pas compromise. Même, si Marmont ne s'était pas obstiné à rester immobile le 26 au matin, dans l'attente de Montrichard, l'écrasement de Giulay eût pu et dû s'accomplir. Si la division Clausel s'était en effet portée sur la rive gauche par le pont de Kalsdorf, dont elle n'était éloignée que de quelques kilomètres, le corps austro-croate se fût trouvé enserré entre Broussier et Marmont.

Quoi qu'il en soit, les mouvements des généraux Marmont et Broussier furent l'objet de sévères critiques de la part de l'Empereur. « Il n'a pas dépendu d'eux, écrivit-il au Vice-Roi [1], que je n'aie perdu le 84e, qui a été blo-

---

armée : je désire que vous soyez à une bataille que je veux donner *et vous me retardez de bien des jours...* ». Berthier, à la même date, reproche au chef de l'armée de Dalmatie ses faux mouvements et lui dit encore : « . . Vous avez perdu deux jours ce qui nuit beaucoup aux projets de l'Empereur *en retardant l'instant de la grande bataille* que Sa Majesté veut livrer à l'ennemi... ». On voit par là l'importance que l'Empereur attachait à la prompte arrivée des troupes de Marmont et de Broussier et combien il eût été courroucé de voir celles-ci arrêtées sous les murs de Gratz. — Il n'est pas inutile non plus de rappeler ici qu'un retard de quarante-huit heures dans l'engagement de la bataille de Wagram eût sans doute permis la jonction des archiducs Charles et Jean.

[1] Schœnbrunn, 28 juin.

qué pendant dix-neuf heures, et qui a trouvé dans son courage de quoi suppléer aux faux mouvements qu'on a faits ». D'autre part, le major général Berthier répondit au rapport du général Broussier, qui lui avait été adressé dès le 26 au soir[1] :

« Sa Majesté, général, n'est pas contente des dispositions que vous avez prises, lesquelles ont exposé le brave 84e à être pris... Il est tout à fait hors de principe d'avoir engagé le 84e sur la rive gauche de la Mur. »

---

[1] *Arch.-Guerre.* Correspondance, juin 1809. — Le général Broussier protesta, par une lettre en date du 29, objectant que les mesures prises par lui, pour mauvaises qu'elles eussent été, n'en avaient pas moins produit les plus heureux effets.

V

Combat de Saint-Léonhard-sous-Gratz, dit aussi combat de Gratz (25-26 juin).

Marche des 1er et 2e bataillons du 84e de ligne de Gösting à Saint-Léonhard. — L'accomplissement de la mission confiée par le général Broussier au colonel Gambin allait donner lieu à l'un des plus beaux faits d'armes des guerres de l'Empire [1].

Les 1er et 2e bataillons du 84e régiment, commandés respectivement par les chefs de bataillon Boudon-Lacombe et Musnier, avaient quitté Gösting vers 8 heures du soir. Accompagnée par deux pièces de 3 qui lui avaient été adjointes, cette petite troupe vint passer la Mur au pont de Weinzodl. Le colonel Gambin forma son avant-garde avec la compagnie de voltigeurs du 1er bataillon. Il détacha en outre sur sa droite celle du 2e bataillon et la première section de la 4e compagnie; cette flanc-garde devait, en longeant la Mur, gagner au plus vite les ponts de Gratz et prendre possession de la place Jacomini, point de rassemblement choisi par le colonel. L'avant-garde et la colonne principale suivaient sur la gauche un chemin beaucoup plus détourné, mais qui avait ce grand avantage d'échapper aux coups de la citadelle du Schlossberg. L'itinéraire adopté par le colonel Gambin consistait vraisemblablement à s'engager

---

1 « Un fait d'armes inouï, beau entre les plus beaux, vint exciter l'enthousiasme de l'armée et l'affermir dans la confiance de son invincibilité. C'était quelques jours avant Wagram... »: (*Souvenirs intimes du duc de Bassano*, t. I, p. 248.)

dans les sentiers passant entre le Reinerberg et le Rosenberg, et menant à l'église de Saint-Léonhard par le nordest de Seysdorf. Une fois parvenue à cet endroit, la colonne n'avait plus qu'à suivre la longue rue du Graben pour atteindre la place Jacomini.

Vers 10 heures, les deux bataillons du 84e arrivèrent en vue de Saint-Léonhard. Au fur et à mesure qu'ils avançaient, ils se heurtaient à des postes de cavalerie qui se retiraient sans opposer de résistance. Mais à peine l'avant-garde eut-elle atteint les premières maisons qu'une décharge de mousqueterie mit quelques voltigeurs hors de combat. Ce feu était dirigé par un détachement mixte de cavalerie et d'infanterie occupant un enclos hâtivement mis en état de défense. Le colonel Gambin envoya les deux compagnies de grenadiers soutenir la compagnie de voltigeurs du 1er bataillon. Après un court engagement, l'ennemi évacua l'enclos et s'enfuit dans la direction de Saint-Léonhard, vivement poursuivi par l'avant-garde et les grenadiers.

La nuit était profondément obscure. Le colonel Gambin, suivant les compagnies d'élite avec le gros de sa troupe, s'avançait avec précaution à travers les rues de Saint-Léonhard. Le nombre des ennemis augmentait à chaque pas; bientôt on s'aperçut que toutes les avenues menant à l'église étaient occupées. Le colonel fit former plusieurs colonnes et donna l'ordre d'attaquer. Les soldats du 84e s'élancèrent à la baïonnette sur les Austro-Croates : en un clin d'œil les rues furent balayées. L'ennemi perdit dans cette lutte de rues un nombre considérable d'hommes. Les grenadiers qui étaient en tête « ne purent passer qu'après avoir enlevé une grande partie des morts[1] »; 450 prisonniers restèrent aux mains des Français.

---

[1] Annotation manuscrite du capitaine Broussier sur l'exemplaire imprimé (Commercy, chez Denis) du *Journal des opérations de la division Broussier*. (Bibliothèque du Dépôt de la Guerre.)

Prise du cimetière de Saint-Léonhard. — Mouvement sur Gratz. — Réoccupation du cimetière. — Vers minuit, les deux bataillons du 84e débouchèrent en face de l'église ; ils furent accueillis par un feu terrible qui coucha sur le sol un certain nombre de soldats.

Une troupe, dont on ne pouvait apprécier la force dans l'obscurité, occupait en effet le cimetière de Saint-Léonhard adossé à l'église. Les murs de ce cimetière avaient été crénelés, et l'ennemi paraissait décidé à résister à outrance. Le colonel Gambin se rendit immédiatement compte des difficultés qu'il rencontrerait dans l'attaque de front de cette position. Il abrita son détachement derrière l'église et fit reconnaître les abords immédiats du cimetière.

Un passage favorable fut découvert : la 3e compagnie du 1er bataillon, dirigée par l'adjudant-major, s'engagea dans ce sentier en observant le plus grand silence. Lorsqu'elle eut gagné suffisamment de terrain et qu'elle eut atteint le flanc des défenseurs, elle s'élança, escalada les murs et tomba presque à l'improviste sur les Austro-Croates qui occupaient le cimetière. Le colonel Gambin, avec le reste de sa troupe, combina son mouvement avec celui de la 3e compagnie du 1er bataillon, attaqua de front et débusqua les ennemis de leur position. La déroute des Autrichiens fut complète ; ils s'enfuirent dans un désordre inexprimable, laissant de nombreux morts et abandonnant fusils et munitions. Ces dernières furent d'un grand secours aux soldats du 84e à qui elles commençaient à faire défaut [1].

Dans ce brillant combat du cimetière de Saint-Léonhard, le 84e fit encore 125 prisonniers, dont 2 officiers.

Maître de la position, le colonel Gambin essaya de

---

[1] Note du capitaine Broussier.

gagner Gratz par le faubourg de Münzgraben ; mais il reconnut bien vite, malgré les difficultés qu'il éprouvait à se renseigner dans l'obscurité, que les corps qu'il avait si brillamment chassés de Saint-Léonhard n'étaient que l'avant-garde d'une troupe beaucoup plus considérable qui, déjà, occupait les hauteurs avoisinantes.

Jugeant alors qu'il serait téméraire d'entrer dans Gratz où il risquait d'être cerné, et dont la route d'ailleurs lui était coupée par les Autrichiens, il se résolut à battre en retraite et à regagner le pont de Weinzodl[1]. Mais l'ennemi avait prévu ce mouvement : il avait envoyé de fortes colonnes du côté de Seysdorf. Les deux bataillons du 84e se trouvaient donc environnés de toutes parts et complètement cernés par des forces dont ils ne pouvaient apprécier le nombre au milieu de la nuit. Dans ces conditions, le colonel Gambin se résolut à reprendre possession du cimetière et à s'y retrancher fortement afin d'y attendre le jour. Les 500 à 600 prisonniers déjà faits à l'ennemi furent placés dans l'église ; des tirailleurs furent jetés dans les avenues aboutissant au cimetière.

La compagnie de voltigeurs du 2e bataillon et la première section de la 4e compagnie du même bataillon qui, l'on s'en souvient, avaient été envoyées en flanc-garde sur la gauche, s'étaient également trouvées aux prises avec l'ennemi en atteignant les premières maisons du faubourg au nord de Gratz. Entourées bientôt par des forces supérieures, elles résistèrent héroïquement toute la nuit ; au petit jour, elles réussirent à faire une trouée et purent regagner le pont de Weinzodl.

---

[1] *Journal des marches et opérations de la division Broussier en* 1809. — D'après les notes du capitaine Broussier, le colonel Gambin n'aurait jamais eu l'intention de battre en retraite et ce serait à tort que la mention de la tentative de retraite du 84e figurerait sur le *Journal* de la division.

Le gros du détachement du 84e, retranché dans le cimetière de Saint-Léonhard, jouit pendant les dernières heures de la nuit d'un calme relatif. Seuls, les tirailleurs postés dans les avenues durent faire le coup de feu avec l'ennemi. Mais l'accalmie qui favorisait les soldats du 84e ne devait pas durer. Lorsque le jour se leva, ces derniers constatèrent que des masses de troupes considérables les environnaient et que des colonnes nombreuses s'avançaient par toutes les avenues menant au cimetière. Le doute n'était plus permis : c'était toute l'armée de Giulay que les deux faibles bataillons du 84e avaient autour d'eux. Cette constatation n'ébranla pas leur courage.

Le colonel Gambin fit mettre en batterie les deux pièces de 3 qu'il avait amenées avec lui et ouvrit le feu sur les colonnes austro-croates. L'ennemi, rendu circonspect par les affaires de la nuit, ne s'approchait qu'avec précaution. Pendant toute la matinée du 26, le 84e résista ; mais à mesure qu'une colonne était refoulée, une autre s'avançait ; à chaque instant les assaillants recevaient des renforts. A un moment même, le cimetière fut attaqué de plusieurs côtés à la fois, et si vigoureusement que l'ennemi put délivrer la majeure partie des prisonniers renfermés dans l'église [1].

A 1 heure de l'après-midi, les vivres manquent ; bientôt les munitions sont à leur tour totalement épui-

---

[1] D'après Franz Mayer (*op. cit.* p. 218), le combat se serait étendu jusque sur le Ruckerlberg, petite hauteur qui fait face à Saint-Léonhard sur la rive gauche du Grazbach. Les habitants de Gratz auraient même décerné à Giulay le titre de duc du Ruckerlberg. D'après Mayer également et d'après Richard Knabl (*Die Franzosen in Graz*), les Autrichiens auraient enlevé trois pièces de canon grâce à la conduite d'un citoyen de Gratz, Mathias Auzel. Ce dernier aurait guidé sur les derrières des Français un détachement pris parmi les troupes du général Knésewitch à Sanct-Peter, pendant que la brigade Kalnassi les attaquait de front. Ce récit est manifestement inexact, puisque le 84e n'avait avec lui que deux pièces de canon dont une seule tomba au pouvoir de l'ennemi.

sées ; les soldats s'emparent de celles des morts et des blessés ennemis et, quand ce moyen ne suffit plus, « ils s'élancent d'eux-mêmes sur les Croates, les tuent, prennent leurs munitions et reviennent prendre leur position[1] ». Les deux pièces de canon ont consommé tous leurs projectiles ; les soldats du 84ᵉ se font un point d'honneur d'empêcher l'ennemi de s'en emparer. Des tas de cadavres et de blessés environnent ces pièces et témoignent de leur belle défense. A un moment donné, le colonel Gambin et le caporal Humblot se trouvent les deux seuls défenseurs de l'une d'elles. Le caporal Humblot qui, à la suite de cette affaire, fut nommé sergent et décoré de la Légion d'honneur, s'acharne à en écarter les assaillants : « Mon colonel, dit-il, je ne vous abandonnerai, vous et cette pièce, que quand les agresseurs m'auront arraché la vie[2]. »

Les Austro-Croates, étonnés et émus par l'héroïsme des soldats du 84ᵉ, leur crient : « Rendez-vous ; vous ne pouvez résister ! » ; mais c'est peine inutile, et ces braves continuent à lutter ; « les blessés encouragent leurs camarades ; aux cris frénétiquements poussés de *Vive la France ! Vive l'Empereur !* quelques-uns, du sol où ils ont été renversés, continuent à tirer sur l'ennemi.

« Un soldat qui a le bras fracassé répond à son sergent qui veut le faire sortir des rangs : le bras droit me reste[3]. »

Au cours d'un des assauts furieux livrés par les Croates aux défenseurs du cimetière, une des aigles du 84ᵉ tomba

---

[1] *Journal des marches et opérations de la division Broussier en* 1809.

[2] Papiers de la famille Humblot. Le caporal Humblot était originaire de Savonnières, près de Bar-le-Duc. Le 84ᵉ régiment possède une lettre curieuse de ce soldat de l'Empire. Elle a été remise en 1895 à M. le colonel Sériot par le petit-fils de Humblot.

[3] *Souvenirs intimes du duc de Bassano, op. cit.* t. I, p. 249.

au pouvoir des ennemis. Le sergent Legouge s'élança
dans la mêlée à la tête d'une poignée de braves et réussit
à reprendre l'aigle. Il fut même assez heureux pour ra-
mener en même temps au colonel Gambin un certain
nombre de prisonniers croates. L'affront fait au 84ᵉ était
ainsi amplement vengé[1]. Le sergent Legouge, déjà che-
valier de la Légion d'honneur, fut, par la suite, nommé
sous-lieutenant.

Cependant le colonel Gambin, craignant à tout instant
de voir ses aigles enlevées par l'ennemi, profita d'un moment d'accalmie pour les faire filer sur Saint-Veit sous
bonne escorte. Le fait est rapporté en ces termes par le
général Broussier : « Le colonel Gambin avait fait partir
dans un moment favorable, avec un bon détachement,
ses deux aigles pour lesquelles il craignait et qu'il envoyait
par Saint-Veit sur Feistritz sous les ordres du meilleur
de ses officiers[2] ». Par un heureux hasard et grâce aux
précautions prises, le détachement put accomplir sa mission sans être trop inquiété.

Les 1ᵉʳ et 2ᵉ bataillons du 84ᵉ tentent de se faire jour à
l'arme blanche vers Saint-Gotthard et Weinzodl. — Arrivée des secours (3ᵉ bataillon du 84ᵉ, deux bataillons du
92ᵉ). — Retraite sur Saint-Gotthard. — Cependant les
heures s'écoulaient, aucun secours n'arrivait aux Français. Vers 5 heures du soir, après seize heures de lutte
et de résistance acharnées, le colonel Gambin prend l'héroïque résolution de foncer sur l'ennemi à l'arme blanche.
Il rassemble sa petite troupe et la forme en colonnes sous
le feu des adversaires. Le tambour-major Bigault de

---

[1] Ce trait d'héroïsme est rapporté en termes vraisemblablement exa-
gérés dans le n° 32 du 7 août 1868 du *Moniteur des Communes*, dans un
article nécrologique concernant le capitaine Legouge.

[2] Rapport du général Broussier à Berthier, 26 juin (*Arch. G.*).

Maisonneuve[1] fait battre la charge et, dans un élan furieux, les mille braves du 84e se jettent à la baïonnette sur les Autrichiens, les renversent et marchent sur Seysdorf et Saint-Gotthard.

Soudain, à la sortie du faubourg, des coups de feu éclatent en avant d'eux; les quelques réserves ennemies, qui essayaient encore de leur barrer le chemin, se dispersent de tous côtés, et les 1er et 2e bataillons du 84e se trouvent en présence du 3e bataillon de ce régiment (commandant Goveau) et de deux bataillons du 92e, accourus à leur secours sous les ordres du colonel Nagle, du 92e[2]. Les soldats des deux détachements s'embrassent sur le champ de bataille.

Voici d'ailleurs ce qui avait motivé l'arrivée du colonel Nagle avec les deux bataillons de son régiment et le 3e du 84e de ligne. On se rappelle que le général Broussier, qui avait fait sa jonction avec l'armée de Dalmatie à Lieboch, le matin même, vers 8 ou 9 heures, avait reçu du général Marmont l'ordre de marcher sur Gratz, afin de « porter secours à ce beau régiment (le 84e) si fort compromis[2] ». En conséquence, la division Broussier se remit en marche vers le Weinzodlbrück ; mais, en raison de la hâte qu'elle mit à exécuter ce mouvement, elle s'allongea considérablement et forma une queue qui employa pas mal de temps à rejoindre. Craignant d'arriver morcelé sur l'ennemi, le général Broussier donne l'ordre au colonel Nagle, du 92e, de former une colonne avec le 3e bataillon du 84e et deux bataillons du 92e qui marchaient en tête, et lui enjoignit de prendre les devants[3]. Après avoir

------

[1] Ce tambour-major fut décoré à la suite de cette affaire et promu officier en 1812 ; il fut blessé à Feistritz (1813) et retraité comme capitaine.

[2] MARMONT, *Mémoires*, t. III, p. 222.

[3] Il fit aussi passer sur la rive gauche deux bataillons du 9e de ligne, afin d'assurer, le cas échéant, la retraite du colonel Nagle.

traversé la Mur à Weinzodl, dont l'ennemi avait tenté de s'emparer et d'où, fort heureusement, il avait été chassé par les trois compagnies du 9e de ligne que le général Broussier avait eu la précaution d'y laisser la veille, le colonel Nagle avait formé ses colonnes d'attaque et les avait précipitées sur l'ennemi. « Comme un torrent qui déborde [1] », elles avaient tout renversé sur leur passage.

Après que le colonel Gambin et le colonel Nagle eurent fait leur jonction, les munitions apportées par les survenants furent partagées entre les deux troupes ; puis les cinq bataillons réunis se reportèrent sur les faubourgs de Saint-Léonhard et de Münzgraben et reprirent la lutte. Les Autrichiens et les Croates de Giulay furent chassés des faubourgs : « tout ce qui ne fut pas tué fut poussé jusque dans l'intérieur de la ville de Gratz ; les soldats étaient enragés et ne faisaient plus de quartier. Le combat finit à 9 heures du soir [2] ».

Le général Broussier ayant donné au colonel Nagle l'ordre de revenir sur ses pas dès qu'il aurait dégagé le 84e, force fut aux cinq bataillons de ne pas pousser plus loin leurs succès : ils retournèrent à Saint-Gotthard, à mi-chemin entre Graz et le pont de Weinzodl, et y prirent position sur deux lignes [3].

---

[1] Le capitaine Broussier, aide de camp du général, qui avait guidé la colonne de secours dans sa marche sur Gratz, écrit ce qui suit en marge du Journal de la division, en face des mots « *torrent qui déborde* » : « Expression très juste et qui exprime parfaitement l'élan dont chaque soldat était rempli en volant au secours de ses camarades ; de ma vie, je n'ai vu un enthousiasme pareil à celui-là, surtout du bataillon du 84e. »

[2] *Journal des opérations de la division Broussier.*

[3] Voici, succinctement rapporté, le combat de Gratz, d'après la lettre du sergent Humblot ; nous en corrigeons les erreurs de date : « Tendre père, nous avons arrivé le 1er juin à Gratz ; le fort a été bloqué pendant vingt-six jours par les Français ; le bombardement a commencé le 17 et a duré jusqu'au 20, nuit et jour. Le 25 juin, deux bataillons se sont battus, a commencé le 25 à 10 heures du soir et a duré jusqu'à le 26 à 8 heures

Résultats du combat de Saint-Léonhard. — Effectifs. — Pertes. — Récompenses accordées au 84ᵉ régiment. — Les forces en présence pendant la nuit du 25 au 26 et durant la journée du 26 avaient été disproportionnées. Il est d'ailleurs assez difficile de les évaluer exactement. Les 1ᵉʳ et 2ᵉ bataillons du 84ᵉ réunis pouvaient tout au plus avoir 1,200 hommes dans les rangs [1]. Le sergent Humblot, dans une lettre écrite dans le courant du mois d'août suivant, estime à 700 hommes leur effectif total.

Quant aux forces que leur opposa Giulay, elles pouvaient atteindre 15,000 à 18,000 hommes. Le général Broussier, dans son Journal, les estime à 30,000 hommes : ce chiffre est incontestablement exagéré.

Quoi qu'il en soit, écrivit Marmont, « *jamais fait d'armes comparable n'a brillé d'un pareil éclat* [2]. » Les pertes subies par le 84ᵉ de ligne (en y comprenant celles du 3ᵉ bataillon) n'étaient en proportion ni de la longueur, ni de l'acharnement du combat soutenu par le régiment, tant il est vrai qu'à la guerre, l'audace, la décision et l'énergie font plus pour la vie des hommes qu'une vaine pusillanimité ou d'excessives précautions. Le 84ᵉ eut seulement 3 officiers blessés grièvement, qui moururent des suites de leurs blessures, et 12 autres mis hors de combat ; il eut en outre 31 hommes tués, 192 blessés et 40 prisonniers. Le 92ᵉ eut 1 homme tué et 18 blessés. Une des deux pièces de 3, dont les hommes et les chevaux avaient été tués et dont la prolonge avait été coupée, resta au pouvoir des Autrichiens [3].

---

du soir ; les deux bataillons se montaient à 700 hommes, et l'ennemi était 10,000 hommes, et nous leur avons fait 600 prisonniers et 2 drapeaux. S. M. l'Empereur et Roi a ordonné à notre colonel de mettre à nos drapeaux un contre dix. Le 84ᵉ est couvert de gloire... ! »

[1] La situation des trois premiers bataillons du 84ᵉ, à la date du 25 juin, porte 59 officiers et 1,956 hommes.

[2] MARMONT, *Mémoires*, t. III, p. 223.

[3] *Journal des opérations de la division Broussier.*

Les pertes de Giulay étaient autrement importantes. Le 84ᵉ fit, les 25 et 26 juin, « 450 prisonniers, dont un major ; 2 drapeaux furent pris à l'ennemi par 18 hommes, qui firent en même temps 18 prisonniers [1] ; l'ennemi eut 1,200 morts comptés sur le champ de bataille [2] ; le nombre des blessés était énorme ; les hôpitaux de Grœtz et les faubourgs en étaient remplis, quoique l'on eût évacué par la Mur, sur la Croatie, tous ceux qui étaient susceptibles d'être emportés [3]. »

Le Bulletin de la Grande Armée du 3 juillet s'exprime en ces termes au sujet de l'affaire de Gratz : « Ce combat d'*un contre dix* a couvert de gloire le 84ᵉ et son colonel Gambin. Les drapeaux (pris à l'ennemi) ont été présentés à Sa Majesté à la parade. »

La nouvelle de l'extraordinaire fait d'armes de Gratz parvint à Napoléon le 28, au moment même où il passait la revue de sa Garde, dans la cour du château de Schœnbrünn [4] :

« Aussitôt, il fait former le carré, se place au centre, et, le front haut, la physionomie rayonnante de bonheur, d'un ton animé, ému, il lit hautement la dépêche.

---

[1] D'après le duc de Bassano, on prit également à l'ennemi trois canons.

[2] Giulay, dans un rapport sur les opérations du 9ᵉ corps du 23 au 30 juin, n'avoue que 161 tués, 444 blessés et 361 prisonniers, ainsi que la perte d'un seul drapeau, celui du régiment de Personal, drapeau « qu'on avait apporté au combat » ; il prétend que les Français eurent plus de morts que les Autrichiens. Giulay, d'ailleurs, avait cru, dès le 25 au soir, avoir sur les bras toute la division Broussier ; il affirme avoir eu l'avantage et ne s'être retiré qu'à l'annonce de l'approche de l'armée de Dalmatie ; un rapport du général Chasteler, en date du 30 juin, annonçant au prince Jean que Giulay vient d'être vaincu sous les murs de Gratz, détruit cette singulière assertion. (*Arch. G.-Copies*).

[3] *Journal de la division Broussier.* — Le chiffre de 1,200 tués autrichiens donné par Broussier paraît manifestement exagéré.

[4] *Souvenirs intimes du duc de Bassano*, t. I, p. 250.

« Des hourras de joie partent spontanément de tous les rangs de ces braves qui, demain, en feront autant! Tous les bonnets sautent en l'air, les officiers brandissent leur épée en signe de triomphe; des cris de : « Vive le 84e ! » retentissent avec un délirant enthousiasme ; c'est une fête de famille à laquelle tous prennent part.

« Un roulement de tambour rétablit le silence : l'Empereur va parler; tous les regards s'attachent à ses lèvres :

« Honneur au 84e, dit-il d'une voix éclatante ; le fait « d'armes de Grœtz prime tous ceux de la campagne..... « Le 84e a fourni son contingent à l'immortalité de « son armée..... *Le 84e gravera sur le support de son* « *aigle :* « *Un contre dix !.....* » Il a mérité cette glo- « rieuse devise..... Le colonel Gambin est nommé comte « d'Empire..... Cent croix de la Légion d'honneur sont « accordées aux officiers et soldats de l'héroïque 84e !..... »

« D'unanimes acclamations ratifièrent ces honneurs si largement distribués à ces géants des batailles ! »

Telles sont, d'après le duc de Bassano, alors chargé des Relations étrangères au grand quartier général, les circonstances véritables solennelles au cours desquelles l'Empereur décerna au 84e cette fière devise de « Un contre dix », inscrite encore de nos jours dans les plis de son drapeau [1].

Nous n'avons pas trouvé trace de cette récompense collective dans les décrets et la correspondance de l'Empereur; mais il est hors de doute que le régiment reçut, dès le 30 juin ou le 1er juillet, l'ordre, tout au moins verbal, de mettre l'inscription sur son aigle. Le 7 juillet suivant, d'ailleurs, au lendemain de Wagram, l'Empe-

---

[1] A l'heure actuelle, deux régiments français ont seuls conservé des devises inscrites au drapeau ; ce sont : le 84e : « Gratz (1 contre 10) » et le 132e : « Rosnay (1 contre 8). »

reur, passant la revue de la division Broussier, « consacra devant toute la division le beau fait d'armes du 84e par une devise que Sa Majesté ordonna de mettre sur l'aigle de ce régiment et qui est ainsi conçue : « Un contre dix [1]. »

La devise fut-elle gravée sur le support de l'aigle, comme l'avait indiqué l'Empereur à Schœnbrünn, ou fut-elle peinte en lettres d'or sur l'étoffe, comme le prétendent Marmont [2] et le général Lejeune [3]? Nous n'avons pu le déterminer. Il existe au musée de l'Arsenal, à Berlin, un bonnet d'officier de grenadiers, perdu sans doute par un officier du 84e à la suite de la retraite de Russie ; ce bonnet, au lieu de la plaque à l'aigle, porte une plaque [4] où sont inscrits ces mots :

---

[1] *Journal des opérations de la division Broussier en 1809.* — Il semble d'ailleurs que le 84e n'ait pas attendu que l'Empereur eût ratifié son ordre du 28 pour mettre l'inscription sur son aigle. Le duc de Bassano rapportant l'arrivée du 84e sur le champ de bataille le matin du deuxième jour de Wagram, dit en effet que « toutes les mains sont tendues sur le passage du 84e dont l'aigle à la chevaleresque devise attire tous les regards ». (*Souvenirs intimes*, t. I, p. 256.)

[2] Parlant des récompenses accordées au 84e, Marmont s'exprime ainsi dans ses *Mémoires* (t. III, p. 223) : « Ce régiment, un de ceux de mon corps d'armée de Hollande (en 1804), acquit en cette circonstance une gloire dont je jouis beaucoup. L'Empereur le combla de récompenses et fit inscrire sur son aigle en lettres d'or : « Un contre dix », devise qu'il a conservée jusqu'au licenciement de l'armée et dont il n'a cessé de se montrer digne ».

[3] Le général Lejeune, dans ses *Mémoires* (t. I, p. 380), termine ainsi le récit du fait d'armes de Gratz : « L'Empereur, en apprenant ce fait d'armes, voulut en accorder au régiment la plus belle récompense et il ordonna que le drapeau du 84e régiment porterait en lettres d'or cette honorable inscription : « Un contre dix ». C'est avec de tels hommes que nous allions marcher sur Wagram... »

[4] L'existence de cette plaque nous a été révélée par M. Hollander, membre de la Sabretache, auteur de savantes notices sur les drapeaux de la Révolution et de l'Empire.

UN CONTRE DIX.

DEVISE ACCORDÉE PAR L'EMPEREUR.

Combat de Saint-Léonhard-sous-Gratz.

25 et 26 juin 1809.

Est-ce là une fantaisie individuelle ou collective, tolérée ou défendue ? C'est un fait qui est et restera sans doute indéterminé. L'existence de cette plaque était néanmoins intéressante à signaler.

Ainsi que l'avait proclamé l'Empereur, le colonel Gambin fut nommé comte d'Empire et reçut une dotation considérable ; 95 croix de la Légion d'honneur furent accordées à des militaires du régiment[1].

---

[1] Ces croix furent décernées aux dates, des 30 juin et 8 juillet et servirent également, à la vérité, à récompenser les services rendus par le régiment à Wagram. — Cf. lieutenant Loÿ, *Histoire du 84ᵉ régiment d'infanterie* (Lille, Danel, 1905), p. 167 et suiv.

VI

*Fin des opérations en Styrie (27 juin-4 juillet).
— Deuxième blocus du fort de Gratz. — Jonc-
tion de l'Armée de Dalmatie et de la division
Broussier avec la Grande Armée (6 juillet).*

**Réoccupation de Gratz (27 juin). — Retraite de Giulay
sur Gnas.** — Le 26 juin dans l'après-midi, le général
Marmont, enfin rejoint par la division Montrichard, se
porta sur Gösting et prit position sur la rive droite à côté
du général Broussier. Ce dernier n'avait plus de ce côté
de la Mur qu'un bataillon du 9e de ligne, son artillerie et
sa cavalerie ; 2 bataillons du 9e de ligne, passés sur la
rive gauche, devaient, le cas échéant, protéger la retraite
des cinq bataillons des 84e et 92e aux ordres des colonels
Gambin et Nagle. La nuit se passa sans incidents.

Le 27, le général Marmont perdit la plus grande partie
de la matinée. Il eut un fâcheux conflit d'autorité avec le
général Broussier, mais parvint à triompher de la répu-
gnance que ce dernier éprouvait à marcher ce jour-là en
raison, sans doute, des fatigues endurées par ses troupes
les jours précédents[1]. Ce ne fut qu'à 10 heures que, les

---

[1] « Il paraît, d'après le rapport des prisonniers, que presque toute
l'armée ennemie se trouve à Gratz avec le général Giulay. Je vais l'attaquer ce matin et espère le faire avec succès. Le général Broussier vient
de me faire savoir que son intention n'était pas de marcher aujourd'hui ;
je ne puis supposer qu'il persiste dans cette résolution. Il récuse mon
autorité, prétendant n'avoir rien reçu qui le mît sous mes ordres. Comme

ordres ayant enfin été donnés, les troupes se mirent en marche pour attaquer les Austro-Croates de Giulay et reprendre Gratz. La division Broussier, formant l'avant-garde, se dirigea sur Saint-Gotthard et les faubourgs. Lorsqu'elle eut atteint les abords de la ville, elle constata que cette dernière était complètement évacuée par l'ennemi.

Giulay, en effet, découragé par les maigres résultats du combat de la veille et peu soucieux de recommencer une lutte qui venait de lui être si peu favorable malgré son énorme supériorité numérique, avait battu en retraite pendant la nuit après avoir renforcé et ravitaillé la citadelle du Schlossberg. Il se dirigea sur Gnas avec le gros de ses forces[1].

La division Broussier rentra dans Gratz à 1 heure de l'après-midi sans difficulté ; elle reprit ses anciennes positions autour du fort. L'armée de Dalmatie, qui avait passé la Mur au pont de Weinzodl, avait marché à la suite de la division Broussier ; elle occupa le faubourg de Marburg sur la rive droite et ceux de Münzgraben et de Saint-Léonhard sur la rive gauche.

On se demande à quels mobiles obéit Marmont en ne passant pas la Mur dès le 26 au soir et surtout en n'attaquant pas Giulay le lendemain à la première heure. Une chose aussi déroute : comment se fait-il que les généraux Marmont et Broussier, qui se trouvaient à 5 kilomètres tout au plus de l'ennemi, qui avaient avec eux une cava-

---

par la circonstance, la nature des choses et le texte de vos lettres, il me paraît qu'il s'y trouve, je vous prie, Monseigneur, de lui faire connaître d'une manière formelle les ordres de Sa Majesté, afin qu'il s'y conforme sans tiraillements... » (Lettre écrite par Marmont au major général le 27 août au matin).

[1] La plupart des historiens autrichiens, et notamment Welden (*Krieg von 1809*, p. 135), ont amèrement reproché à Giulay son départ précipité de Gratz.

lerie peu nombreuse, il est vrai, mais suffisante pour un
léger service d'exploration, aient pu ignorer jusqu'à
11 heures ou midi un fait aussi capital que l'évacuation
de Gratz par une armée de 15,000 à 18,000 hommes?

Toutes ces erreurs, tous ces retards, ces conflits d'autorité irritèrent profondément l'Empereur qui croyait
l'armée de Dalmatie à Gratz, au moins depuis le 25[1];
il écrivit à Marmont la lettre suivante, particulièrement
dure et cinglante, de Schœnbrunn, le 28 juin 1809,
9 heures du matin :

Monsieur le duc de Raguse, le 27, vous n'étiez pas à Gratz. Vous avez
fait la plus grande faute militaire qu'un général puisse faire. Vous auriez
dû y être le 23 à minuit, ou le 24 au matin. Vous avez dix mille hommes
à commander et vous ne savez pas vous faire obéir ; au fond, votre corps
n'est qu'une division. Je crois que Montrichard n'est pas grand'chose,
mais vous avez mauvaise grâce à vous plaindre. Que serait-ce si vous
commandiez à cent vingt mille hommes ? D'ailleurs une désobéissance
formelle serait criminelle ; c'est un malentendu, et comment peut-il y
en avoir quand on n'a que dix mille hommes ? Marmont, vous avez les
meilleurs corps de mon armée ; je désire que vous soyez à une bataille
que je veux donner, et vous me retardez de bien des jours. Il faut plus
d'activité et plus de mouvement qu'il ne paraît que vous vous en donnez
pour faire la guerre. Vous avez peut-être enfin battu aujourd'hui
Giulay. Il est bien nécessaire que je puisse savoir à quoi m'en tenir, où
vous êtes et où se ralliera l'ennemi autour de Gratz. Il est important qu'il
soit dispersé de manière qu'il ne puisse pas se réunir avant bien des
jours.

Le même jour, Berthier écrivit également à Marmont,
pour lui préciser les ordres et les intentions de l'Empereur :

J'ai mis, Monsieur le général Marmont, votre lettre du 27 sous les
yeux de l'Empereur. Sa Majesté ne comprend pas et n'approuve pas vos
dispositions ; vous deviez être le 24 à Gratz, et vous n'y êtes pas le 27.
Sa Majesté me charge de vous dire que ce qui convient à la guerre est
de la simplicité et de la sûreté, et la simplicité et la sûreté voulaient que

---

[1] Lettre de l'Empereur et du major général à Marmont (Schœnbrunn,
25 juin).

vous allassiez directement à Gratz : là, vous vous seriez trouvé sur la droite de la Muhr, vous auriez eu des nouvelles de l'ennemi ; c'est l'avantage des grandes villes ; alors le 26, vous auriez pu prendre un parti convenable. Au lieu de cela, vous vous êtes porté sur Wildon, n'ayant pas la facilité de vous porter sur les deux rives de la Muhr, et vous avez perdu deux jours, ce qui nuit beaucoup aux projets de l'Empereur en retardant l'instant de la grande bataille que Sa Majesté veut livrer à l'ennemi. Quant au général Montrichard, Sa Majesté n'en a pas une très grande opinion, mais elle ne peut croire que, s'il avait eu des ordres positifs, il n'eût pas marché. Sa Majesté pense donc que les ordres ont été mal donnés. Faites-moi connaître ce qui en est, car si le général Montrichard n'a pas exécuté vos ordres, Sa Majesté le fera traduire à un conseil de guerre.

L'Empereur suppose qu'aujourd'hui vous serez maître de Gratz, que vous aurez suivi le général Giulay. Il est probable que si vous avez une affaire, le fort de Gratz se rendra. Toutefois, Général, l'intention de l'Empereur n'est pas que vous vous éloigniez en poursuivant l'ennemi, et vous devez vous mettre en mesure d'attendre ses ordres. Quand l'Empereur saura comment les choses se sont passées, son projet est de vous donner l'ordre de vous replier à grandes journées sur Vienne.....

Aussitôt que vous n'aurez plus besoin du général Broussier et de ses troupes, envoyez-le sur Neustadt, route de Vienne. Si, cependant, les événements de la journée d'aujourd'hui vous avaient conduit à 5 ou 6 lieues sur la route de la Hongrie et que le général Broussier fût plus près d'OEdenburg, vous le dirigeriez sur cette ville et m'en préviendriez.

Sa Majesté trouve que vous avez manœuvré de façon à donner tout l'avantage sur vous à l'ennemi. Vous deviez être à Gratz avant lui et, comme vous n'avez qu'un petit corps, y arriver le 23 : telle est l'opinion de Sa Majesté.

De ces deux lettres[1], il ressort que, pour se conformer aux instructions du grand quartier général, Marmont devait s'attacher à mener à bien les trois missions sui-

---

[1] Marmont répondit à ces deux lettres afin de se disculper. Celle qu'il adressa à l'Empereur commençait ainsi : « Sire, je suis coupable puisque Votre Majesté me condamne ; mais, si de faux calculs m'ont trompé, je n'ai pas un seul moment été distrait de mon devoir, et mon ardeur n'a pas été un instant ralentie. Je puis assurer Votre Majesté que nous n'avons jamais marché moins de dix à douze heures par jour... ».

vantes, quelque contradictoires qu'elles pussent paraître au premier abord :

1° Avant tout, poursuivre et détruire l'armée de Giulay ;

2° S'emparer du fort de Gratz. Il semble d'ailleurs que l'état-major en ait considéré la prise comme plus aisée qu'elle ne l'était en réalité ;

3° Manœuvrer de façon à ne pas trop s'éloigner de Gratz, afin d'être à même de se porter rapidement sur l'île Lobau, dès que l'Empereur jugerait le moment favorable.

En principe, le général Marmont destina l'armée de Dalmatie à la première de ces missions et chargea la division Broussier de réassiéger le fort du Schlossberg.

Poursuite de l'armée austro-croate de Giulay. — L'armée de Dalmatie se porte à Feldbach sur la Raab (28 juin-1ᵉʳ juillet). — La première préoccupation du général Marmont en entrant dans Gratz, le 27 dans l'après-midi, aurait dû consister, semble-t-il, à se lancer sans retard aux trousses de Giulay. Il n'en fut rien. Marmont, comme stupéfait de s'être rendu maître de Gratz sans coup férir, resta immobile pendant toute la soirée du 27.

Le lendemain encore, le gros de l'armée de Dalmatie demeura sur ses positions. Des détachements mixtes empruntés, soit à cette armée, soit à la division Broussier, furent envoyés dans les directions présumées par lesquelles l'ennemi s'était retiré.

C'est ainsi que le colonel Nagle fut envoyé avec le 92ᵉ (deux bataillons) et un piquet de dragons à Eggersdorf, sur la route de Fürstenfeld ; il ne rencontra pas l'ennemi et, le lendemain, il rallia Gratz. D'autres reconnaissances furent envoyées sur toutes les routes menant en Hongrie et en Croatie. Les renseignements recueillis ne furent ni précis ni concordants. Il en ressortait néanmoins que

l'ennemi avait battu en retraite dans plusieurs directions :
d'une part, et c'était le cas du gros, vers Gnas ; d'autre
part, vers Saint-Georges et Feldbach, sur la Raab.

Ce ne fut que dans la nuit du 28 au 29 que l'armée de
Dalmatie se mit en mouvement pour poursuivre Giulay ;
elle se dirigea sur Gleisdorf où elle livra combat dans la
journée à une arrière-garde ennemie. Dans la matinée,
alors que de sa personne il n'avait pas encore quitté
Gratz, Marmont écrivit une lettre au major général. Nous
en détachons le passage suivant qui a trait aux opérations
que nous venons de résumer ci-dessus :

« J'ai eu l'honneur de vous rendre compte de notre
entrée à Gratz le 27 [1]. Je comptais marcher sur l'ennemi,
le 28, avec mes forces réunies, mais l'ennemi ayant pris
différentes directions et ignorant de quel côté étaient les
principales forces, je l'ai fait suivre par de fortes avant-
gardes jusqu'à six ou sept heures d'ici, pour avoir des
nouvelles certaines. Il résulte des renseignements qui
m'ont été donnés que l'ennemi, ayant marché toute la
nuit du 26 au 27 et toute la journée du 27, est arrivé le
soir à Gnas ; il y était encore le 28, mais il paraissait dis-
posé à en partir. Des troupes commandées par le général
Zagh (Zaach) se sont retirées par Saint-Georges, et le
général Kursurich, s'est porté sur Feldbach. Le général
Giulay était de sa personne à Gnas. Le bruit généralement
répandu parmi les habitants et parmi les troupes est que
l'ennemi se porte en Hongrie, et que, de Gnas et de Feldbach, il doit sortir sur Furing et sur Saint-Gotthard ; il
est également annoncé à Fürstenfeld. J'ai pensé que, vu
l'éloignement de l'ennemi et les nouveaux ordres qui me
sont annoncés, je ne devais pas marcher sur Gnas, où,

---

[1] Dans le rapport auquel il est fait allusion, Marmont avait rendu
compte que Giulay avait battu en retraite sur Rackersburg.

d'ailleurs, sans doute, je ne trouverais plus personne, car, puisque l'ennemi n'a pas voulu me combattre à Gratz, où toutes les circonstances locales étaient à son avantage, il ne le fera nulle part.

« Mais pour me mettre à même de l'attaquer, s'il se rapproche dans sa marche et, dans tous les cas, pour lui fermer le chemin de Vienne, j'ai cru devoir marcher parallèlement à lui et je me rends ce soir à Gleinderford (Gleisdorf) qu'il occupe déjà depuis hier, où je pourrai aller chasser l'ennemi de Feldbach, s'il y est encore, et, dans tous les cas, voir ce qui se passe sur les bords du Raul (Raab). Aussitôt que le mouvement de l'ennemi sera plus décidé et que j'aurai la nouvelle que Gnas a été évacué, je donnerai l'ordre à la division Broussier de se porter sur Neustadt ainsi que vous me le prescrivez. En attendant, je la laisse à Gratz..... »

Cette lettre reflète l'état d'indécision où se trouvait Marmont, tant sur la situation exacte de son adversaire que sur le parti à prendre. Après avoir annoncé, le 27, au major général que Giulay s'est retiré vers Rackersburg c'est-à-dire sur la route de Croatie, il incline, le 29, pour une retraite vers Fürstenfeld et la Hongrie. Cependant, la présence bien établie de Giulay à Gnas donnait de la force à sa première hypothèse, qui, d'ailleurs, était la véritable. Partagé entre le désir de faire montre d'activité et celui d'obéir à l'Empereur en ne s'éloignant pas trop de Gratz, il semble s'être attaché à la poursuite des corps secondaires plus qu'à celle du corps principal. Le 30 juin il se porta sur Feldbach ; c'est là qu'il reçut une lettre du major général, datée du 29, lui enjoignant de rallier l'île Lobau pour le 4 juillet.

Les mouvements tardifs de Marmont, à la suite de la réoccupation de Gratz, devaient, comme de juste, vivement irriter l'Empereur. La lettre à laquelle nous faisions allusion plus haut, contenait de graves reproches à ce sujet :

« Sa Majesté me charge de vous dire qu'elle est mécontente de ce que vous ayez perdu une seule heure pour marcher à sa poursuite (de Giulay), ce qui vous aurait mis dans le cas d'attaquer au moins son arrière-garde. Il paraît que vous ne vous êtes mis en mouvement que vingt-quatre heures après qu'il a effectué sa retraite[1], et c'est vous mettre hors de la main de l'Empereur sans avoir l'espoir d'entamer l'ennemi.

« Vous ne devez pas ignorer, Général, que le destin des armées et celui des grands événements dépend d'une heure. Ainsi vous manquez le corps du général Giulay, comme vous manquez celui de Chasteler.

« Le Vice-Roi a envoyé le général Macdonald pour couper au général Chasteler la route entre Wesperin et Bude. Il paraît que, quant à Giulay, il se dirige sur la Croatie[2]. »

Deuxième blocus du fort de Gratz (27 juin-3 juillet). — La division Broussier, chargée de réoccuper le fort du Schlossberg, reprit dans Gratz les positions qu'elle y avait occupées au début du mois. Le 9e et le 84e de ligne furent plus particulièrement chargés du blocus; le 92e, nous l'avons vu, fut envoyé, le 27, en reconnaissance.

Les hostilités furent surtout vives de la part des assiégés qui, renforcés et ravitaillés par Giulay, tiraient presque sans discontinuer sur les Français sans leur faire toutefois grand mal. Du côté des assiégeants, elles furent presque nulles : le général Broussier se borna à bloquer étroitement le fort et à faire commencer quelques travaux d'approche. Marmont, d'ailleurs, qui, en 1805, avait mis le château en état de défense et s'en était « félicité », en

---

[1] En réalité, il y eut près de 48 heures.
[2] Le major général à Marmont. — Schœnbrunn (29 juin 1809 à midi).

« gémissait » à l'heure actuelle, en raison des difficultés que les défenseurs du Schlossberg apportaient à ses communications. Il était convaincu de l'impossibilité de prendre le fort sans procéder, au préalable, à des travaux réguliers et surtout sans employer de grosse artillerie[1]; il en fit demander à Laibach. A l'heure même où Marmont reconnaissait la nécessité d'augmenter son artillerie, le major général lui enjoignait de diriger sur Neustadt deux compagnies d'artillerie. En même temps qu'il faisait part des difficultés qu'il rencontrait dans le blocus du fort, difficultés dont on ne semblait pas se rendre un juste compte au grand quartier général[2], le chef de l'armée de Dalmatie protesta contre cet ordre.

Dès le 27, il avait écrit à Berthier : « La connaissance parfaite que j'ai du fort de Gratz m'autorise à vous assurer qu'il y a impossibilité absolue de le prendre sans gros canons, et je n'ai pas même des pièces de 12. »

Le 29, dans la lettre dont nous avons cité une partie dans le paragraphe précédent, Marmont revient sur ce sujet : « Je puis affirmer à Votre Altesse Sérénissime qu'il n'y a aucune espérance d'avoir le château de Gratz, si on ne l'assiège sérieusement ; j'ai ordonné des travaux, des mines ; j'ai envoyé chercher quatre pièces de gros calibre à Laybach, mais il faut du temps pour en obtenir les effets. J'ai également fait demander de la poudre qui me manque. Le commandant du fort paraît un homme très déterminé à se défendre et au-dessus de toute considération ; car, ce qui est sans exemple, il canonne et

---

[1] En 1805, Marmont avait proposé à l'Empereur de faire occuper la citadelle de Gratz par une garnison de 300 hommes appuyée de 12 bouches à feu, assurant qu'elle serait imprenable et assurerait la possession du carrefour de Gratz. — Cf. *Revue d'Histoire* rédigée à l'État-Major de l'armée, 1907, t. II, page 88.

[2] Le 28, Berthier avait écrit à Marmont : « Il est probable que si vous avez une affaire, le fort de Gratz se rendra... ».

fusille constamment les maisons, places, rues, et les habitants en sont encore plus victimes que les soldats. Il y en a déjà un certain nombre de tués et de blessés; quant à nous, il nous gêne beaucoup par la grande quantité d'obstacles qu'il met à nos communications. Je laisse, pour commencer les travaux du siège, deux bons ingénieurs de mon corps d'armée, avec une compagnie de sapeurs.

« Votre Altesse Sérénissime me donne l'ordre d'envoyer deux compagnies d'artillerie à pied à Neustadt. Je la prie de me dire si je dois aussi y envoyer mon matériel, car il ne me restera plus personne pour le servir. J'ai trouvé moyen d'organiser 17 bouches à feu, et 6 m'arriveront d'Italie dans deux ou trois jours. Les compagnies de canonniers que j'ai sont insuffisantes pour le service de ces bouches à feu, d'autant plus qu'elles fournissent un détachement de 120 hommes pour la conservation, la garde et la conduite des munitions portées par des chevaux de bât, seul moyen de transport que nous ayons encore aujourd'hui et qui, s'il venait à disparaître, nous mettrait dans le plus grand embarras. Cet ordre serait déjà exécuté, si sa conséquence immédiate n'était pas la désorganisation absolue du peu d'artillerie que nous avons, et je supplie Votre Altesse Sérénissime de vouloir bien représenter à Sa Majesté la situation difficile dans laquelle nous sommes à cet égard... »

Le deuxième blocus du fort de Gratz devait être de courte durée. Comme nous le verrons plus loin, l'ordre fut donné le 29 de diriger toutes les troupes de la division Broussier et de l'armée de Dalmatie sur l'île Lobau. En conséquence, la division Broussier évacua Gratz le 1er juillet au matin, laissant seulement dans la place un régiment, qui fut relevé le soir même par un corps de l'armée de Dalmatie; ce dernier ne resta lui-même sur ses positions que durant deux jours et dans le seul

but de donner le change au commandant de la forteresse.

La division Broussier et l'armée de Dalmatie quittent la Styrie. — Leur jonction avec la Grande Armée (6 juillet).

— Le 30 juin, alors que ses troupes étaient en pleine
marche de Gleisdorf sur Feldbach, le général Marmont
reçut une lettre du major général, datée de la veille à
midi, qui lui communiquait les ordres de l'Empereur
concernant la mise en mouvement vers l'île Lobau[1] de
toutes les forces dont il avait le commandement. Ces
ordres, que les lettres précédemment reçues faisaient
depuis longtemps prévoir, prescrivaient l'envoi immédiat
de la division Broussier à la Grande Armée; Marmont,
avec son corps, devait suivre sans retard :

..... L'Empereur, Général, ordonne que vous dirigiez sur-le-champ le
général Broussier, avec les troupes à ses ordres, par la route la plus
courte sur Vienne. L'intention de Sa Majesté est que, avec votre corps
d'armée, vous reveniez à grandes journées sur Vienne, aussitôt que vous
aurez éloigné le corps du général Giulay. Si vous pouvez prendre le
château de Gratz, vous y laisserez une garnison, ce qui serait avantageux
pour maintenir nos communications. Si vous ne le pouvez pas, vous
laisserez une arrière-garde pour bloquer le château et vous donnerez
pour instruction au commandant de n'évacuer la ville qu'un ou deux
jours après votre départ. Il faut, Général, que vous marchiez à grandes
journées; il est essentiel que vous soyez rendu à 6 lieues de cette ville
le 4 juillet. Vous aurez soin de faire toutes les démonstrations comme si
vous marchiez en avant, afin d'en imposer le plus que vous pourrez à
l'ennemi. Dans cet intervalle, vous ferez vos efforts pour prendre le
château de Gratz. Vous aurez soin de prévenir le général Garrau, à
Brück, de votre mouvement, afin qu'il protège autant qu'il pourra la
route de Brück à Klagenfurth. Je n'ai pas besoin de vous recommander
de faire évacuer les hôpitaux de Gratz sur Brück et de ne laisser dans
cette ville aucun embarras...

La ligne de communication de votre corps d'armée doit être sur

---

[1] L'île Napoléon dans la correspondance de l'époque.

Vienne et tout ce que vous aurez laissé sur vos derrières doit rejoindre Klagenfurth ou Vienne, de manière que, si l'ennemi s'emparait de la Styrie et de la Carniole, vous ne puissiez rien y perdre. Klagenfurth et Laybach conserveraient seuls des garnisons.

Ce qui ressort de ces instructions, c'est que l'Empereur, suffisamment rassuré au sujet de Giulay, n'attache plus qu'une importance secondaire aux opérations contre ce dernier ; la prise du fort de Gratz lui semble seulement souhaitable. Ce qui importe à ses yeux, c'est que Marmont et Broussier le rejoignent au plus vite : une fois la grande bataille décisive gagnée, toutes les résistances secondaires tomberont d'elles-mêmes.

Le général Marmont fit immédiatement communiquer les ordres de l'Empereur au général Broussier ; ce dernier, après avoir pris les mesures nécessaires pour l'évacuation sur Brück et Vienne des malades et des blessés, quitta Gratz avec sa division à 10 heures du matin : il vint coucher à Frohnleiten. Le 9ᵉ de ligne et l'artillerie demeurèrent seuls autour du fort en attendant l'arrivée des troupes du général Marmont qui devaient les relever.

Le même jour, le chef de l'armée de Dalmatie revint à Gratz avec la division Montrichard ; quant à la division Clausel, elle reçut l'ordre de se porter directement sur Neustadt par Gleisdorf, Hartberg et Friedberg. Le 9ᵉ de ligne et l'artillerie de la division Broussier ayant été relevés, quittèrent Gratz vers 10 heures du soir et rallièrent le gros de leur division à 6 heures du matin.

Le 2, la division Broussier campa à Kapfenberg, à quelques kilomètres au nord de Brück ; le 3, à Murzzuschlag ; le 4, elle franchit le Sémering et parvint à Neustadt.

La division Montrichard, à son tour, quitta Gratz le 2 au matin, laissant seulement un régiment, lequel, conformément aux instructions du Major général, leva le blocus du fort le lendemain. Cette division suivit le même chemin que celle du général Broussier et fut rejointe, le 4, à Neustadt, par la division Clausel.

Le 3 dans la soirée ou le 4 au matin, Marmont avait reçu une lettre qui lui apportait de nouvelles instructions relatives à sa prochaine jonction avec la Grande Armée. Le major général lui écrivait de l'île Lobau, le 3 juillet 1809, 8 heures du matin :

Vous devez, Monsieur le général Marmont, être dans l'île Napoléon le 5 au matin ; vous laisserez une arrière-garde de cavalerie et quelques hommes d'infanterie à Neustadt ; vous ordonnerez au commandant de cette arrière-garde de fournir des partis sur le Sémering, et vous lui direz qu'il doit se mettre en communication avec le général Garrau à Brück. Il devra également fournir des partis sur OEdenburg, afin de pouvoir être instruit de ce qu'il y aurait d'important.

Ayez soin, Monsieur le général Marmont, de m'envoyer un aide de camp à l'avance pour me prévenir où vous serez.

Le général Marmont prit les mesures que comportait l'exécution de ces ordres qui assuraient la sécurité des derrières de la Grande Armée du côté de la Styrie et de la Hongrie occidentale ; puis, prenant les devants, il se rendit de sa personne à l'île Lobau, où il conféra avec l'Empereur.

Le 5 juillet, avant le jour, l'armée de Dalmatie et la division Broussier se mirent en marche ; elles arrivèrent dans l'île Lobau au début de l'après-midi et prirent position en arrière du grand pont. La marche des soldats de Marmont et de Broussier, de Gratz au Danube, avait été extraordinairement rapide ; ils n'avaient pas, en effet, couvert moins de 200 kilomètres en quatre jours pour les uns (division Montrichard) et cinq jours pour les autres (division Broussier), et cela en pays de montagne et dans des conditions tout à fait défectueuses.

« Le 5, écrivit le général Broussier[1], la division partit à 2 heures de Neustadt et arriva à 3 heures de l'après-midi dans l'île Napoléon ; elle marcha jusqu'à ce qu'enfin

---

[1] *Journal des opérations de la division Broussier en 1809.*

elle fut arrêtée par le passage d'un pont encombré de cuirassiers et d'artilleurs. Si j'eus été prévenu à temps, j'eus pu arriver d'assez bonne heure à l'armée pour y prendre mon rang et combattre le soir sur le plateau de Wagram ; la division fit, en trois jours et demi[1] 53 lieues, les soldats n'ayant qu'un quart de ration de pain par jour ; il était impossible de s'en procurer sur la route de Brück. »

Pendant l'après-midi du 5, alors que se déroulaient sur la rive gauche du Danube les péripéties de la première journée de Wagram, les soldats de l'armée de Dalmatie demeurèrent dans l'île Lobau. Le 6 juillet, deux heures avant le jour, ils traversèrent le grand pont et, vers 6 h. 30, prirent leur place de bataille.

« Successivement, rapporte le duc de Bassano[2], les troupes échelonnées sur les différents points opèrent leur jonction.

« Les divisions Marmont et Broussier ferment cette marche triomphale ; d'enthousiastes acclamations accueillent les « Un contre dix ». Ce beau titre de noblesse leur est désormais acquis ! Tous les visages sont riants ; toutes les mains sont tendues sur le passage du 84e, dont l'aigle à la chevaleresque devise attire tous les regards.

« L'Empereur, à cheval, entouré de son brillant et nombreux état-major, reste découvert pendant que le 84e, qui le salue de ses frénétiques vivats, défile devant lui..... Rien ne peut rendre l'effet que cet hommage plein de dignité produisit sur les troupes[2]. »

Ainsi s'opéra, sur le champ de bataille même de Wagram, la jonction de l'armée de Dalmatie et de la

---

[1] C'est vraisemblablement en quatre jours et demi qu'a voulu dire le général Broussier.

[2] *Souvenirs intimes*, t. I, p. 256.

Croquis Sommaire
du
Théatre d'Opérations de
STYRIE

Limites politiques de la Styrie
Routes

Camp. Styrie.

division Broussier[1] avec la Grande Armée; les soldats de ces deux corps allaient, au cours de cette célèbre journée du 6 juillet, se rendre dignes de la confiance que l'Empereur avait placée en eux.

Après la conclusion de l'armistice de Znaïm, il y eut encore une courte campagne en Styrie. Elle ne donna lieu à aucune hostilité, et nous ne la rappelons que pour mémoire. L'Empereur avait donné l'ordre au 1er corps de l'armée d'Italie de réoccuper Gratz et la Styrie. Le maréchal Macdonald s'était aussitôt mis en route avec les divisions Lamarque et Broussier; avant de parvenir à Gratz, il rencontra une armée autrichienne formée par la réunion des corps de l'archiduc Jean et de Giulay. Ces derniers, ignorant l'armistice, marchaient sur Vienne avec l'intention d'enlever cette capitale aux Français. Une collision fut sur le point d'avoir lieu entre les généraux ennemis et Macdonald.

Cependant, après pourparlers, l'archiduc Jean voulut bien reconnaître l'armistice et se retira en Croatie. Macdonald occupa Gratz et la Styrie avec ses deux divisions et celle du général Vandamme qui, également dirigée sur cette région, avait été placée sous ses ordres.

---

[1] La division Broussier rejoignit le 1er corps de l'armée d'Italie et combattit à Wagram dans les rangs de la fameuse « colonne Macdonald ».

PARIS. — IMPRIMERIE R. CHAPELOT ET C⁰, 2, RUE CHRISTINE.